新日本プロレス公式ブック

N J P W
ENGLISH

新日本プロレス
英語入門

監修 新日本プロレス

アルク

CONTENTS

音声のダウンロードについて

●パソコンでダウンロードする場合
以下のURLで「アルク・ダウンロードセンター」にアクセスの上、
画面の指示に従って音声ファイルをダウンロードしてください。
URL ➡ https://www.alc.co.jp/dl/

●スマートフォンでダウンロードする場合
以下のURLから学習用アプリ「ALCO for ダウンロードセンター」を
インストールの上、ホーム画面下「探す」から本書を検索し、
音声ファイルをダウンロードしてください。
URL ➡ https://doc-alco.alc.co.jp/

音声のダウンロードには
以下のパスワードが必要です。

NJPWALC2021

本書を活用した英語トレーニング法

監修：濵﨑潤之輔 「TOEIC講師（満点×70回以上取得）」

本書は、「プロレス」×「英語」で「プロレスをもっと楽しむ」をコンセプトに企画・制作されました。
「英語のやる気を少しでも高めたい!」という入門者から、「ジェイ・ホワイトの早口英語、
ザック・セイバーJr.の悪口英語を字幕なしで理解できるようになりたい!」という上級者まで大歓迎!
現在のご自身の英語レベルに応じて以下の利用法をおすすめします。

入門者 道場生レベル ★☆☆☆

目標➡モチベーション（やる気）を高める

人気日本人レスラーと英語についてのインタビューが掲載された「Chapter5 日本人レスラースペシャルインタビュー」や、英語のプロによる「コラム」を読んでみましょう。「英語の勉強、やってみるぞ!」と、やる気が湧き上がってくること請け合いです。

初級者 ヤングライオンレベル ★★☆☆

目標➡プロレスに登場する単語や語句を覚える

好きなページを読みながら、基本的な英単語などの意味や使い方を覚えていきましょう。単語が分かるだけで、英語で理解できる範囲がグッと広がりますよ!「Special Featureプロレス英語図鑑」、「Chapter1 バイリンガル版選手名鑑」、「Chapter3 プロレス英語辞典」にはプロレスに頻出する単語や語句などがたっぷりと掲載されています。

中級者 中堅レベル ★★★☆

目標➡英文を読んで内容を理解する

「Chapter2 外国人レスラーの英語」「Chapter4 レスラー英語語録」などを活用して、英文を読んで内容を理解する練習をしてみましょう。まずは、ページの下にある語注や用語解説を読んでみてください。自分の知らない単語や語句、セリフの意味などを理解したうえで本文を読み始めることをおすすめします。その後は、英文スクリプトを一つひとつ読みながら、内容を確認していきましょう。

上級者 チャンピオンレベル ★★★★

目標➡音声を活用してリスニング力を強化する

「Chapter2 外国人レスラーの英語」には、そこに登場する全選手の生音声（英語の音声）がついています。リスニング力向上のこつは、内容が理解できている音声を何回も繰り返してたくさん聞くことにあります。聞き取れなかった箇所にはマーカーを引くなどして「苦手な箇所」を分かるようにしておくといいでしょう。英文と照らし合わせながら音声を何度も繰り返し聞くことで、少しずつ聞き取れる範囲が広がっていきます。英文を見ながら音声を聞き、同時に声に出して読んでみる（音読する）ことをおすすめします。

Special Feature

イラスト・写真付き
プロレス英語図鑑

筋肉イラスト×英語、試合会場写真×英語、
プロレス技イラスト×英語など、
楽しみながら基礎英語が身につく
最高のマッチアップがここに実現!

1 Body 肉体

鍛え上げられた肉体を激しくぶつけ合うプロレスにおいて、体の部位や筋肉など「肉体」に関する英語表現は頻出のものばかり。技の名前から実況やインタビューまでさまざまな場面で登場します。

イラスト：筋肉イラスト製作所 筋肉イラストレーターかまた

Face 顔

- eyebrow まゆげ
- eye 目
- cheek ほほ
- mouth 口
- jaw あご
- chin あご先
- hair 髪
- brain 脳
- forehead 額
- temple こめかみ
- ear 耳
- nose 鼻
- mustache 口ひげ
- beard あごひげ

Front 前面

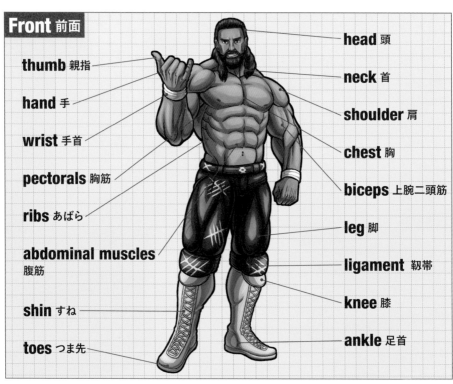

- thumb 親指
- hand 手
- wrist 手首
- pectorals 胸筋
- ribs あばら
- abdominal muscles 腹筋
- shin すね
- toes つま先
- head 頭
- neck 首
- shoulder 肩
- chest 胸
- biceps 上腕二頭筋
- leg 脚
- ligament 靭帯
- knee 膝
- ankle 足首

Back 背面

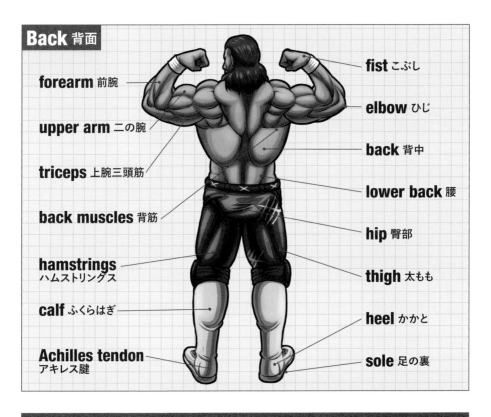

forearm 前腕

upper arm 二の腕

triceps 上腕三頭筋

back muscles 背筋

hamstrings ハムストリングス

calf ふくらはぎ

Achilles tendon アキレス腱

fist こぶし

elbow ひじ

back 背中

lower back 腰

hip 臀部

thigh 太もも

heel かかと

sole 足の裏

Moves with Body Parts 体の一部が名前に入ったプロレス技

Headlock ヘッドロック
相手の頭を自分の胸につけて、両手でしっかりとロックを組んで固める拷問技。

Brainbuster ブレーンバスター
元は相手の頭部を打ちつける形だったが、現在では背中から落とす技。海外では Vertical Suplex。

Neckbreaker Drop ネックブリーカー・ドロップ
直訳で首折り落とし。旋回式のオリジナル技に棚橋弘至のスリング・ブレイドがある。

Flying Forearm フライング・フォアアーム
大きくジャンプして、前腕部を相手の顔面に叩きつける技。棚橋弘至が使い手。

Bodyslam ボディスラム
slam には「〜を強く投げる」「叩きつける」という意味がある。試合序盤に多く見られる技。

Knee Drop ニードロップ
ダウンした相手の体に片膝を落とす技。真壁刀義の Finish Hold は、King Kong Knee Drop。

Hip Attack ヒップアタック
自分の尻を相手の顔面に叩き込む技。越中詩郎の得意技として知られ、現在は田口隆祐が当代きっての使い手。

Stepover Toehold With Facelock STF
口に出して読みたいプロレス技名。蝶野正洋が第一人者で、現在は BUSHI が使い手。

Arm Whip アームホイップ
相手の腕に自分の腕を引っかけながら、体をひねって投げ飛ばす技。相手の腕をホールドして投げるのは、Arm Drag。

Heel Hold ヒール・ホールド
かかとを両手でひねってギブアップを迫る技。海外では Heel Hook とも呼ばれる。

2 | Venue 会場

セルリアンブルーのマットが印象的な新日本プロレスのリング。ルールや試合形式から、
試合会場で目に留まるリング周りのあれこれまで、プロレスの「基本」とも言える英語表現をご紹介！
写真／大槻 淳

1 entrance 入場口
entrance music、entrance movie が流れる中、ここから選手が登場する。

2 ringpost 鉄柱
post には「支柱」の意味がある。「サッカーゴールの柱」は、goalpost。

3 corner pad コーナーパッド
矢野通はコーナーパッド外しの達人。約3秒で外せる。

4 rope ロープ
プロレスのリングでは3本、ボクシングでは4本となる。

5 turnbuckle ターンバックル
締結金具。胴体を回転させることで、ロープが張った状態となる。

6 apron エプロン
タッグマッチで選手が待機している場所。エプロン上で危険な攻防が繰り広げられることも。

7 commentary booth 実況席
play-by で「実況」、analyst で「解説者」。

8 iron fence 鉄柵
場外乱闘では凶器として使われる。

Rules & Match Types ルールと試合形式

Pinfall ピンフォール
相手の両肩がマットに pin「固定」された状態で、レフェリーがマットを3回叩くこと。

Give up/Submission ギブアップ
相手、もしくはマットを3回叩くか、口頭でレフェリーに負けの意思表示をすること。

Rope Break ロープブレイク
手足がロープの外に出ると技が解かれる。break には「中断」「休止」の意味がある。

Knockout ノックアウト
レフェリーが10カウントを数える前に試合続行の意思表示をしなければ負けとなる。略して K.O.。

Countout 場外リングアウト
20カウント数える前にリングに戻らなければ負けとなる。

Disqualification 反則
qualification「資格」に否定の dis がくっついて、「資格はく奪、反則」の意味に。

Draw 引き分け
時間内に勝負が決まらないこと。

No Contest 無効試合
試合が成立せず、無効になること。

Single Match シングルマッチ
1対1で戦う試合形式。

Tag Match タッグマッチ
タッグパートナーと共に2対2で戦う試合形式。

Triple Threat Match 3Wayマッチ
3人が同時に試合をする形式。一度に2人を相手にするので頭脳戦となる。

Ladder Match ラダーマッチ
ladder「脚立」を登って高いところにあるものを手にしたら勝ちとなる試合形式。

Lumberjack Match
ランバージャックマッチ
リングの周囲をセコンドが囲み、選手が場外に落ちた際、すぐリング内に押し戻す完全決着戦。カナダの「木こり」lumberjack のケンカ作法が起源とされる。

No DQ Match ノーDQマッチ
DQとは disqualification の略。反則裁定のない試合形式のこと。

Gauntlet Match ガントレットマッチ
通常の試合を行い、その勝者が次の相手と対戦。最後まで勝ち残った選手が勝者となる。登場順が勝敗の行方を大きく左右する。

9 table 長机
乱闘で用いられた場合、真っ二つに割れることも。

10 ring bell ゴング
試合開始と終了時にリングアナが木槌で打ち鳴らす。

11 ring announcer リングアナ
阿部誠リングアナは場外乱闘に巻き込まれることが多い。

12 audience 観客
一般的には「スポーツの観客」は spectator, supporter と呼ばれることが多い。

3 | Moves プロレス技

選手の個性を表し、ファンを魅了し、熱狂を生み出すプロレス技。バラエティーに富んだ技の中から、新日本プロレスのリング上で目にすることも多い12の人気技をご紹介！

イラスト／広く。　※各選手の必殺技（Finish Hold）は、p.13からの「バイリンガル版選手名鑑」に掲載しています。

Strikes 打撃技

Lariat ラリアット
元の意味は動物を捕獲するための「投げ縄」。海外ではClothesline（クローズライン）と呼ばれることも多い。

Thrust Kick トラースキック
thrust とは「突き刺す」の意味で、本来の発音はスラースト。Superkick とも呼ばれる。

Wear-down Holds 締め技

Iron Claw アイアンクロー
直訳すると「鉄の爪」。顔面をつかみ握力で締め上げギブアップを狙う技。

Octopus Hold 卍固め
octopus「タコ」のように絡みついて固める技。日本で初めて公開したのはアントニオ猪木とされる。

Submissions 関節技

Texas Cloverleaf テキサス・クローバー・ホールド
cloverleaf は「クローバーの葉」。棚橋弘至の Finish Hold の一つ。

Figure Four Leg Lock 4の字固め
古典的プロレス技。figure は「数字」という意味。技をかけられた相手の足の形が「4」になる。

Aerial Maneuvers 空中技

Moonsault Press ムーンサルトプレス

moon「月」と salto ドイツ語の「宙返り」を合体させた和製
英語。別名ラウンディング・ボディ・プレス。

Dropkick ドロップキック

ジャンプして両足を揃えて、相手の胸板を撃ち抜く。コー
ナーから飛ぶと Missilekick「ミサイルキック」となる。

Slams 叩きつける技

Pile Driver パイルドライバー

建設機械の杭打ち機「パイルドライバ」が由来。杭を打
つように相手の頭部を地面に叩きつける技。

Sit-Out Powerbomb シットダウン・パワーボム

相手の体を肩の高さまで持ち上げ、ジャンプして尻もち
をつくように着地しながら相手の背中を叩きつける技。

Suplexes 投げ技

Backdrop Suplex バックドロップ

海外では Back Suplex と呼ばれる。基本的に英語圏で
は「投げ技」は Suplex と呼ばれることが多い。

Dragon Suplex ドラゴンスープレックス

相手をフルネルソンで捕らえ、そのままスープレックス
を決める。藤波辰爾のニックネームに由来。

タイトルマッチで勝利を収めた選手のみ、手にすることが許されるのがチャンピオンベルト。
IWGP世界ヘビー級を頂点とする、新日本プロレスが認定している10本のベルトがここに集結！
※各選手のベルト戴冠歴（Career Highlights）は、p.13からの「バイリンガル版選手名鑑」に掲載しています。

IWGP WORLD HEAVYWEIGHT
IWGP世界ヘビー級王座
2021年に設立された団体最高峰のベルト。初代王者は飯伏幸太。
Real「本物」とInterim「暫定」を巡るバトル勃発。(2021年11月現在)

統合されてIWGP世界ヘビー級王座に

IWGP HEAVYWEIGHT
IWGPヘビー級王座
数々の激闘の歴史を刻んできたベルト。
初代王者はアントニオ猪木。

IWGP INTERCONTINENTAL
IWGPインターコンチネンタル王座
intercontinentalは「国際的な」。王座戦が東京ドームのメインを飾ったことも。

IWGP Jr. HEAVYWEIGHT
IWGPジュニアヘビー級王座
体重100キロ未満のジュニアヘビー級のトップを決めるベルト。

NEVER OPENWEIGHT
NEVER 無差別級王座
openweightとは「無差別級」。若手育成を目的とした大会から生まれたベルト。

IWGP TAG TEAM
IWGPタッグ王座
制定されたのは1985年で、ベルトとしてIWGPヘビー級よりも古い歴史を持つ。

IWGP Jr. HEAVYWEIGHT TAG TEAM
IWGPジュニアタッグ王座
王座戦はスピーディーでスリリングな戦いが繰り広げられる。

IWGP UNITED STATES
USヘビー級王座
新日本が海外進出を推し進める中、2017年7月のロサンゼルス大会で制定。

NJPW STRONG OPENWEIGHT
STRONG 無差別級王座
2021年にアメリカ初の配信番組「NJPW STRONG」内で新設されたベルト。

NEVER OPENWEIGHT 6MAN TAG TEAM
NEVER無差別級 6人タッグ王座
新日本の歴史上初めてとなる6人タッグのベルト。

Chapter1

総勢78名が集結！
バイリンガル版
選手名鑑

日本の会場でおなじみの人気選手はもちろんのこと、
NJPW STRONG 参戦選手や海外で活躍する過去の参戦選手まで、
総勢78名を一挙紹介！　オリジナルアンケート付き！

※名鑑内のデータは2021年10月20日現在のものです。

World Map with Wrestlers
外国人レスラー出身国MAP

日本人レスラーだけでなく世界中の人気レスラーが集結しているのが、
新日本プロレスのマット。ここでは外国人選手の出身国を分布図で紹介！
アメリカが最多である一方、ヨーロッパ、オセアニアにも広がる出身国。
意外な選手が同郷であることなど、新たな発見があるかもしれません。

※選手名の後ろの丸数字は、バイリンガル版選手名鑑での掲載順です。

Jon Moxley ⑦

Juice Robinson ⑨

Rocky Romero ⑩

UK

Will Ospreay ②

Chase Owens ⑭

Zack Sabre Jr. ③

Hikuleo ⑯

Gabriel Kidd ⑰
(LA DOJO)

Karl Anderson ⑲

Germany

David Finlay ④

Doc Gallows ⑳

Tom Lawlor ㉑

Chris Dickinson ㉒

MAPに掲載されている全38選手の中で、アメリカ出身の選手が一番多く24人。州別では「LA道場」の所在地でもあるカリフォルニア州が5人でトップ。

アメリカの次に多かった出身国は、イギリスとカナダでそれぞれ3人。カナダ出身のケニー・オメガとクリス・ジェリコはマニトバ州ウィニペグという小さな都市の同郷です。

オーストラリア、ニュージーランド、トンガ王国は、それぞれ2人。ニュージーランド出身のジェイ・ホワイト、アーロン・ヘナーレは、主要都市オークランドの同郷かつ同じ年。また、オークランドにはバッドラック・ファレがヘッドコーチを務める「NZ道場」があります。

近年、台湾やシンガポールでも大会を開催し、2021年からはインドでもテレビ放送が始まるなど、世界中から注目を集める新日本プロレス。将来は、アジア、インド、アフリカなど、ここでは掲載のなかった新たな国からの選手参戦が実現するかも!?

Australia

Robbie Eagles ⑪

Mikey Nicholls ⑫

Brody King 23

Cody 32

Canada

TJP 24

Beretta 33

El Phantasmo 15

Karl Fredericks 25

Matt Jackson 34

Kenny Omega 29

Alex Coughlin 26
(LA DOJO)

Nick Jackson 35

Chris Jericho 30

Clark Connors 27

Hangman Page 36

THE DKC 28
(LA DOJO)

Kevin Knight 76
(LA DOJO)

Lance Archer 31

USA

Los Angeles
LA DOJO

Hawaii

NJPW
DOJO

Mexico

Tanga Loa 6

Ryu Lee 8

Jeff Cobb 17

Tama Tonga 5

Tonga

Bad Luck Fale 13

Auckland
NZ DOJO

Jay White 1

Aaron Henare 18

New Zealand

Wrestler Directory Guide
選手名鑑の掲載内容

01

UNIT（所属ユニット）

選手の所属ユニットを示すアイコンです。

| 新日本本隊 | GREAT BASH HEEL | 青義軍 | CHAOS | 鈴木軍 |

| LOS INGOBERNABLES de JAPON | BULLET CLUB | UNITED EMPIRE | LA DOJO | TEAM FILTHY |

02

Q&A（アンケート）

オリジナルのアンケートを実施！
以下の15問の質問の中から、10問に答えてもらいました。
英語は選手の方の回答をそのまま掲載しています。

Q1. **Which** wrestler **has influenced you** most?
（最も影響を受けたレスラー）

Q2. **Who do you see as your** main rival or rivals?
（ライバルだと思うレスラー）

Q3. **What is your** most memorable match?
（思い出に残る試合）

Q4. **What was your** best match in NJPW?
（新日本でのベストバウト）

Q5. **What was your** turning point as a wrestler?
（レスラーとしてのターニングポイント）

Q6. **Who is your** favorite NJPW tour companion?
（お気に入りの巡業仲間）

Q7. **What are you** into these days?
（最近ハマっているもの）

Q8. **Do you have a** personal motto?
（座右の銘）

Q9. **What is your** daily routine?
（日課・ルーティーン）

Q10. **What is** precious **to you?**
（大切なもの）

Q11. **Do you have any** hobbies or other skills?
（趣味・特技）

Q12. **What is your** sports background?
（スポーツ歴）

Q13. **Who is your** role model?
（ロールモデル）

Q14. **What is your** favorite food or drink?
（好きな食べ物・飲み物）

Q15. **Where is your** favorite hangout?
（お気に入りの場所）

01

Q&A

Influential Wrestler	Shawn Michaels（ショーン・マイケルズ）
Rivals	Jay White（ジェイ・ホワイト）
Memorable Match	Jay White vs Juice Robinson at San Francisco Cow Palace（サンフランシスコ、カウ・パレスでのジェイ・ホワイト vs ジュース・ロビンソン）
Best Match	As above（上と同じ）
Turning Point	Beating Kenny Omega（ケニー・オメガを倒した時）
Tour Companion	David Finlay（デビッド・フィンレー）
Into Now	Toni Storm（トニー・ストーム）
Personal Motto	No（ない）
Daily Routine	Wake up, hang out, work out, hang wrestle, hang out, go to sleep（起きる、ぶらぶら、トレーニング、ぶらぶら、レス
Precious Thing	My family（家族）

02

日本語だけではなく、英語表記がセットになったバイリンガル版選手名鑑。
ここでは、英語表記の日本語訳の補足をはじめ、名鑑の掲載内容を詳しく紹介します。
※「02」の選手アンケートについては20選手のみの掲載となります。

Wrestler File 09

"The Flamboyant"

ニックネーム （フランボーヤント）

選手名
Juice
Robinson
ジュース・ロビンソン

03

PERSONAL DATA

UNIT	**NJPW main unit**
HEIGHT	
WEIGHT	**04**
DATE OF BIRTH	**Apr.10, 1989**
BIRTHPLACE	**Illinois, USA**
DEBUT	**2008**

CAREER HIGHLIGHTS

 05

BIOGRAPHY
WWE／NXTに所属も自主退団し、2015年に新日本プロレスへ入団。190cmを超える長身から織りズミカルなファイトが持ち味。明る **06** 気で会場の熱量を上げる人気者で、コスチュームが頻繁に変わる。ニックネームの**flamboyant**には「華やか」「派手」という意味がある。

FINISH HOLD
Pulp Friction
パルプ・フリクション
タイガースープレックスの体勢から回転し、自分の全体重を相手の顔面に乗せて叩きつける技。クエンティン・タランティーノ監督による人気映画が技名のモチーフ。

 **07**

ORIGINAL CONTENTS （オリジナルコンテンツ） **03**

本書だけのオリジナルコンテンツを示すアイコンです。

📷 選手提供のスペシャルショット有（P44、45に掲載）

🎤 選手からのボイスメッセージ有（スマホアプリに掲載）。音声ダウンロードの方法についてはP3へ

🎧 音声付きのインタビューなどの学習コンテンツ有（Chapter2やChapter5に掲載）

📢 スペシャルインタビュー有（Chapter5に掲載）

PERSONAL DATA （選手情報） **04**

身長やデビュー日など、選手の基本情報です。

UNIT	所属ユニット	DATE OF BIRTH	生年月日
HEIGHT	身長	BIRTHPLACE	出身地
WEIGHT	体重	DEBUT	デビュー日

CAREER HIGHLIGHTS （獲得タイトル） **05**

戴冠歴のある新日本プロレスのタイトルを画像付きで掲載。（ベルトの詳細はP12に）

BIOGRAPHY （略歴） **06**

新日本プロレスに初参戦した時期や最新の動向など、選手のこれまでをおさらいした簡単な経歴を掲載しています。

FINISH HOLD （必殺技） **07**

各選手の必殺技を写真とテキストでご紹介。英語の技名の場合は関連する英語表現などもセットで解説しています。

Wrestler File **01**

"SWITCHBLADE"(スイッチブレード)

Jay White
ジェイ・ホワイト

PERSONAL DATA

UNIT	BULLET CLUB
HEIGHT	186cm
WEIGHT	100kg
DATE OF BIRTH	Oct.9, 1992
BIRTHPLACE	Auckland, New Zealand
DEBUT	Feb.19, 2013

CAREER HIGHLIGHTS

BIOGRAPHY

2015年に新日本プロレス道場に入門。青い目のヤングライオンとして活躍も海外遠征後の2018年にBULLET CLUBへ電撃加入。外国人レスラー史上最年少でIWGPヘビー級王座を獲得。自らを「1人でマディソン・スクエア・ガーデンを満員にした男」と豪語している。**switchblade**は「飛び出しナイフ」の意味。

FINISH HOLD

Blade Runner
ブレードランナー

劣勢の流れを一瞬で断ち切る、さまざまな体勢から展開される切れ味抜群の必殺技。**blade runner**は直訳すると「殺し屋」の意味。同じタイトルのSF映画も存在。

Wrestler File **02**

"The Commonwealth Kingpin"
(ザ・コモンウェルス・キングピン)

Will Ospreay
ウィル・オスプレイ

PERSONAL DATA

UNIT	UNITED EMPIRE
HEIGHT	185cm
WEIGHT	105kg
DATE OF BIRTH	May 7, 1993
BIRTHPLACE	Essex, United Kingdom
DEBUT	2012

CAREER HIGHLIGHTS

BIOGRAPHY

抜群の身体能力を誇る稀代のハイフライヤー。3度のIWGPジュニアヘビー級王座戴冠、2度の『BEST OF THE SUPER Jr.』優勝をへて、2020年にヘビー級へ転向。自身を新日本に導いたオカダ・カズチカを裏切り、UNITED EMPIREを結成。**commonwealth**は「(共通の目的のための)団体」、**kingpin**は「中心人物」の意。

FINISH HOLD

Storm Breaker
ストームブレイカー

相手の体を横に回転させて叩きつける変形ネックブリーカー。ヘビー級転向後もジュニア時代と変わらないスピードと切れ味を誇る。

Wrestler File **03**

"The British Submission Master"
(英国の若き匠)

Zack Sabre Jr.
ザック・セイバーJr.

PERSONAL DATA

UNIT	Suzuki gun
HEIGHT	183cm
WEIGHT	85kg
DATE OF BIRTH	Jul.24, 1987
BIRTHPLACE	Kent, United Kingdom
DEBUT	Apr.20, 2004

CAREER HIGHLIGHTS

BIOGRAPHY

プロレスリング・ノアなどで活躍の後、2017年に新日本プロレス初参戦。変幻自在の関節技、グラウンドテクニックのバリエーションの多彩さで世界中から注目を集めるサブミッションマスター。2018年『NEW JAPAN CUP』優勝者。肉類を口にしない**vegan**(ビーガン)。自らを**soy boy**と称することがある。

FINISH HOLD
Orienteering With Napalm Death
オリエンテーリング・ウィズ・ナパーム・デス

両手、両足、全てを固める脱出困難な複合サブミッション。**Napalm Death**は「イギリス出身のハードコア、ヘヴィメタルバンドの名前」。

Wrestler File **04**

"Celtic Prince"
(ケルティック・プリンス)

David Finlay
デビッド・フィンレー

PERSONAL DATA

UNIT	NJPW main unit
HEIGHT	182cm
WEIGHT	95kg
DATE OF BIRTH	May 16, 1993
BIRTHPLACE	Hannover, Germany
DEBUT	Dec.22, 2012

CAREER HIGHLIGHTS

BIOGRAPHY

アメリカのメジャー団体WCW、WWEなどで活躍した名レスラー、デイブ・フィンレーを父に持つサラブレッド。2015年、『BEST OF THE SUPER Jr.』参戦を経て新日本に入団。ジェイ・ホワイトと共にヤングライオンを経験。近年は、肉体改造にも成功し、2021年の『NEW JAPAN CUP』では初めてベスト4進出。**celtic prince**とは「ケルト人の王子」。

FINISH HOLD
Prima Nocta
プリマノクタ

ジャンプしながら勢いよく飛びつき、シットダウンして右肩に顔面を打ち付ける技。同じ名前の音楽バンドがある。

"The Good Bad Guy"
（ザ・グッド・バッド・ガイ）

Tama Tonga

タマ・トンガ

〈GUERRILLAS OF DESTINY〉

PERSONAL DATA

UNIT	BULLET CLUB
HEIGHT	183cm
WEIGHT	95kg
DATE OF BIRTH	Oct.15, 1982
BIRTHPLACE	Nuku'alofa, Tonga
DEBUT	2008

CAREER HIGHLIGHTS

BIOGRAPHY

父はレジェンドレスラー、キング・ハク。2010年に新日本プロレスに初来日し、道場生活も経験。2013年にプリンス・デヴィット、カール・アンダーソン、バッドラック・ファレらと共にBULLET CLUBを結成した。弟であるタンガ・ロアとのタッグで歴代最多となる7回、IWGPタッグ王座を戴冠している。

FINISH HOLD

Gun Stun
ガン・スタン

BULLET CLUBの元チームメイト、カール・アンダーソンが得意としていた技。相手の死角から回り込んだりカウンター式で仕掛けたりと、さまざまなバリエーションがある。

"Silverback"
（シルバーバック）

Tanga Loa

タンガ・ロア

〈GUERRILLAS OF DESTINY〉

PERSONAL DATA

UNIT	BULLET CLUB
HEIGHT	188cm
WEIGHT	100kg
DATE OF BIRTH	May 7, 1983
BIRTHPLACE	Hawaii, USA
DEBUT	2008

CAREER HIGHLIGHTS

BIOGRAPHY

タマ・トンガの弟。2016年に新日本プロレスに初参戦。これまでタッグ戦線の中心で活躍も、最近はシングルの機会も増えつつあり、2021年には『G1 CLIMAX』に初エントリー。棚橋弘至が絶賛するポテンシャルの持ち主。**Guerrillas of Destiny**（ゲリラズ・オブ・デスティニー）の**guerrilla**には「自由で制約のない戦い」という意味がある。

FINISH HOLD

Apeshit
エイプシット

担ぎ上げた相手を、リバース・パイルドライバーの要領で、脳天からマットに突き刺す技。**go apeshit**で「怒り狂う」という意味がある。

Wrestler File 07

"Death Rider"（デスライダー）

Jon Moxley

ジョン・モクスリー

〈AEW〉

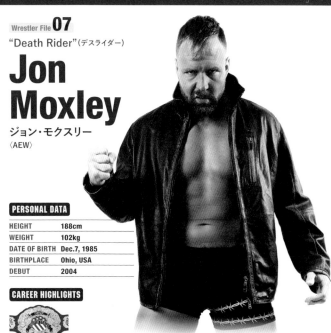

BIOGRAPHY

元WWEのスーパースター。**The Lunatic Fringe**「狂犬」と称される荒々しいファイトスタイルで、WWE世界ヘビー級王座、WWE US王座、WWE IC王座など団体内のほとんどのベルトを獲得した超大物。日本のプロレスの大ファンであり、本人の強い要望もあって2019年に新日本プロレス参戦。『G1 CLIMAX』にもエントリーして全国を巡業した。

FINISH HOLD

Death Rider

デスライダー

ダブルアーム式のDDT。ランス・アーチャー相手に場外テーブル上で敢行したこともある。

PERSONAL DATA

HEIGHT	188cm
WEIGHT	102kg
DATE OF BIRTH	Dec.7, 1985
BIRTHPLACE	Ohio, USA
DEBUT	2004

CAREER HIGHLIGHTS

Wrestler File 08

"Super Powered Muscle Car"

（暴走マッスルカー）

Ryu Lee

リュウ・リー

〈フリー〉

BIOGRAPHY

ルーシュ、2代目ミスティコを兄に持つ。父もプロレスラー。メキシコの老舗団体CMLLでは人気、実力ともにトップに君臨。2016年の『CMLL FANTASTICA MANIA』で新日本プロレスに初参戦。2019年よりリングネームを、ドラゴン・リーからリュウ・リーに変更。高橋ヒロムとは互いに認め合うライバル関係。

FINISH HOLD

Desnucadora

デスヌカドーラ

相手をブレーンバスターの要領で持ち上げた後、前方に180度回転させながら叩きつける変型のパワーボム。**desnucadora**とはスペイン語で「投げ技の総称」。

PERSONAL DATA

HEIGHT	171cm
WEIGHT	75kg
DATE OF BIRTH	May 15, 1995
BIRTHPLACE	Jalisco, Mexico
DEBUT	Jan.1, 2014

CAREER HIGHLIGHTS

"The Flamboyant"
(フランボーヤント)

Juice Robinson
ジュース・ロビンソン

PERSONAL DATA	
UNIT	NJPW main unit
HEIGHT	191cm
WEIGHT	100kg
DATE OF BIRTH	Apr.10, 1989
BIRTHPLACE	Illinois, USA
DEBUT	2008

CAREER HIGHLIGHTS

BIOGRAPHY
WWE/NXTに所属も自主退団し、2015年に新日本プロレスへ入団。190cmを超える長身から織りなすリズミカルなファイトが持ち味。明るい雰囲気で会場の熱量を上げる人気者で、コスチュームが頻繁に変わる。ニックネームの**flamboyant**には「華やか」「派手」という意味がある。

FINISH HOLD
Pulp Friction
パルプ・フリクション

タイガースープレックスの体勢から回転し、自分の全体重を相手の顔面に乗せて叩きつける技。クエンティン・タランティーノ監督による人気映画が技名のモチーフ。

Q&A

Influential Wrestler	Shawn Michaels (ショーン・マイケルズ)
Rivals	Jay White (ジェイ・ホワイト)
Memorable Match	Jay White vs Juice Robinson at San Francisco Cow Palace (サンフランシスコ、カウ・パレスでのジェイ・ホワイトvsジュース・ロビンソン)
Best Match	As above (上と同じ)
Turning Point	Beating Kenny Omega (ケニー・オメガを倒した時)
Tour Companion	David Finlay (デビッド・フィンレー)
Into Now	Toni Storm (トニー・ストーム)
Personal Motto	No (ない)
Daily Routine	Wake up, hang out, work out, hang out, wrestle, hang out, go to sleep (起きる、ぶらぶら、トレーニング、ぶらぶら、レスリング、ぶらぶら、寝る)
Precious Thing	My family (家族)

CHAOS

Wrestler File **10**

"King of Sneaky Style"
（暗闇のトリックスター）

Rocky Romero
ロッキー・ロメロ

PERSONAL DATA

UNIT	CHAOS
HEIGHT	173cm
WEIGHT	80kg
DATE OF BIRTH	Oct.28, 1982
BIRTHPLACE	California, USA
DEBUT	Sep.13, 1997

CAREER HIGHLIGHTS

BIOGRAPHY

新日本プロレスへの初参戦は2002年。以後約20年にわたってジュニアの第一線で活躍を続ける。IWGPジュニアタッグ王座を戴冠したパートナーは、デイビー・リチャーズ、アレックス・コズロフ、バレッタの3名。ニックネームの**sneaky**は「ズルい」「悪賢い」の意味。

FINISH HOLD

Diablo Armbar
ディアブロ・アームバー

雪崩式の腕ひしぎ十字固め。コーナー最上段の相手に飛びつき、前方に回転しながら腕を両足で挟んで固定し、手首を掴んで逆方向に伸ばす関節技。

Q&A

Influential Wrestler	Eddie Guerrero. For me he is the most talented wrestler of all time. （エディ・ゲレロ。俺にとって史上最高に才能のあるレスラー）
Rivals	Bushi （BUSHI）
Memorable Match	vs El Phantasmo in the BOSJ in 2019. A very emotional fight in front of a very special fan base. （2019年ベスト・オブ・ザ・スーパージュニアでのエル・ファンタズモとの一戦。とても特別なファンの前で試合をしてすごく感情が高まった）
Tour Companion	Kazuchika Okada is my favorite. We often go on adventures like siteseeing or exploring on tour. I hope we can go to some theme parks soon. （一番はオカダ・カズチカ。遠征先で出かけたり、観光にもよく一緒に行く。近々テーマパークにも行きたい）
Into Now	I'm currently working on releasing a new hip hop album. It should come out in the fall of 2021. （新しいヒップホップのアルバムをリリースする準備を進めている。2021年の秋頃には出せるはず）
Precious Thing	My dogs Duke & Honey. They are my world. （ペットの犬デュークとハニー。俺の世界のすべて）
Hobbies and Skills	Making music, playing video games, podcasting （楽曲制作、ゲームをすること、ポッドキャスト）
Role Model	Quentin Tarantino （クエンティン・タランティーノ）
Food and Drink	Crab cakes from Jimmy's Famous Seafood in Baltimore, Maryland （メリーランド州ボルティモアのジミーズ・フェイマス・シーフードのクラブケーキ）
Favorite Hangout	In Tokyo my favorite restaurant is "Smokehouse" in Harajuku! It's American BBQ and craft beer. （東京では原宿のスモークハウスっていうレストランがお気に入り！クラフトビールとアメリカン・バーベキューのお店）

CHAOS

"Sniper of the Skies"
（スナイパー・オブ・ザ・スカイズ）

Robbie Eagles
ロビー・イーグルス

PERSONAL DATA

UNIT	CHAOS
HEIGHT	177cm
WEIGHT	80kg
DATE OF BIRTH	Feb.13, 1990
BIRTHPLACE	New South Wales, Australia
DEBUT	Mar.9, 2008

CAREER HIGHLIGHTS

BIOGRAPHY

2018年2月に新日本プロレスに参戦。当初はBULLET CLUBメンバーとして活躍していたが、エル・ファンタズモとの間に亀裂が生まれ、CHAOSに加入。ニックネームの**sniper**（スナイパー）が示すように精度の高い空中技、サブミッション、グラウンド技術を誇るオールランドプレイヤー。

FINISH HOLD

Ron Miller Special
ロン・ミラー・スペシャル

変型の裏足4の字固め。相手の膝に450°スプラッシュを決めてダメージを与えてから移行することが多い。名前の由来になっている「ロン・ミラー」は1960〜80年代に活躍したオーストラリア出身のレスラー。

Q&A

Rivals	El Phantasmo, BUSHI, Hiromu Takahashi, El Desperado （エル・ファンタズモ、BUSHI、高橋ヒロム、エル・デスペラード）
Memorable Match	vs Will Ospreay NJPW Southern Showdown in Melbourne 2019 （2019年メルボルンで行われた NJPW サザン・ショーダウンでのウィル・オスプレイ戦）
Turning Point	Fighting Will Ospreay for the first time in Australia in 2017 （2017年、オーストラリアでのウィル・オスプレイとの初対戦）
Tour Companion	Rocky Romero （ロッキー・ロメロ）
Into Now	Australian Rugby League (NRL), seeing live music, spending time with my wife and family （オーストラリアのラグビー・リーグ〈NRL〉、音楽ライブを見る事、妻や家族との時間）
Personal Motto	Always look for the positive （常にポジティブな事を探す）
Daily Routine	Cardio in the morning, eat good meals, weight workout in the afternoon, pro wrestling training in the evening, sleep as much as possible! （午前中に有酸素運動。おいしい物を食べて午後にウエイト・トレーニング。夜はプロレスのトレーニングをして、できるだけたくさん寝る！）
Precious Thing	My wife, family and my dogs （妻、家族、ペットの犬たち）
Hobbies and Skills	Playing video games, editing videos, coaching at the Pro Wrestling Academy in Sydney （ゲーム、映像編集、シドニーのプロレス・アカデミーでコーチ）

CHAOS

Wrestler File **12**

"Mad"(マッド)

Mikey Nicholls

マイキー・ニコルス

PERSONAL DATA

UNIT	CHAOS
HEIGHT	185cm
WEIGHT	104kg
DATE OF BIRTH	Aug.20, 1985
BIRTHPLACE	Perth, Australia
DEBUT	Nov.4, 2001

BIOGRAPHY

オーストラリア出身。16歳でプロレスデビュー。同郷のシェイン・ヘイストとタッグチーム「TMDK」を結成し、プロレスリング・ノアなど国内外のさまざまな団体で活躍。東京スポーツの「プロレス大賞」で最優秀タッグチーム賞を獲得したことも。2019年にはCHAOSの一員として『NEW JAPAN CUP』『WORLD TAG LEAGUE 2019』にエントリー。**mad**(マッド)には、「怒り」「凶暴」のなどの意味がある。

FINISH HOLD

Mikey Bomb

マイキー・ボム

バックドロップの体勢で担ぎ上げてから、シットダウンパワーボムの形で叩きつけるように落とす技。

Q&A

Influential Wrestler	Davey Boy Smith	(デイビーボーイ・スミス)
Memorable Match	vs Okada, New Japan Cup 2019	(2019年ニュージャパン・カップでのオカダ戦)
Best Match	vs Okada, New Japan Cup 2019	(2019年ニュージャパン・カップでのオカダ戦)
Turning Point	NJPW LA Dojo 2005	(2005年新日本プロレスLA道場)
Tour Companion	CHAOS	(ケイオス)
Personal Motto	Anger is a gift	(怒りは贈り物)
Precious Thing	My wife and daughter	(妻と娘)
Sports Background	Australian Rules Football	(オーストラリアン・フットボール)
Food and Drink	Steak	(ステーキ)
Favorite Hangout	Bars	(バー)

"THE ROGUE GENERAL"
（ザ・ローグゼネラル）

Bad Luck Fale
バッドラック・ファレ

PERSONAL DATA

UNIT	BULLET CLUB
HEIGHT	193cm
WEIGHT	156kg
DATE OF BIRTH	Jan.8, 1982
BIRTHPLACE	Tonga
DEBUT	Apr.4, 2010

CAREER HIGHLIGHTS

BIOGRAPHY
2009年6月新日本プロレスへ入門。BULLET CLUB結成に参加したオリジナルメンバーで、現在はNZ DOJOのヘッドコーチも務める。Tiktokでのフォロワー数は新日本プロレストップで、57万人超。**The Rogue General**で「悪党将軍」の意味。

FINISH HOLD
Bad Luck Fall
バッドラックフォール
数々のトップレスラーを仕留めてきた一撃必殺技。相手を頭上に抱え上げ、2mを超える**fall**「滝」のような高さから投げ捨てるので受け身が取りにくい。

BULLET CLUB

Q&A

Influential Wrestler	King Haku （キング・ハク）
Rivals	All of them! （全員！）
Turning Point	Bullet Club （バレット・クラブ）
Into Now	Training （トレーニング）
Personal Motto	Less work more money （少しの労働で大金を稼ぐ）
Hobbies and Skills	Fishing & training （釣りとトレーニング）
Sports Background	Rugby （ラグビー）
Food and Drink	Buffet （ビュッフェ）
Favorite Hangout	At the bar （バー）

BULLET CLUB

Wrestler File **14**

"THE CROWN JEWEL"
（ザ・クラウン・ジュエル）

Chase Owens
チェーズ・オーエンズ

PERSONAL DATA

UNIT	BULLET CLUB
HEIGHT	185cm
WEIGHT	93kg
DATE OF BIRTH	Mar.7, 1990
BIRTHPLACE	Tennessee, USA
DEBUT	2007

Q&A

Influential Wrestler	Ricky Morton for sure. He was the one who trained me and he became like a second father to me. （もちろんリッキー・モートン。リッキーが俺を鍛えてくれて第二の父みたいな存在）
Rivals	After joining NJPW I would have to say Liger, Juice, Finley and Yano. （新日本参戦後は、ライガー、ジュース、フィンレー＆矢野）
Memorable Match	2019 New Japan Cup match against Juice Robinson. （2019年ニュージャパンカップでのジュース・ロビンソン戦）
Turning Point	I think my turning point in my career where things just started to click would have to be my match against Davey Richards August 4th 2011. （2011年8月4日のデイビー・リチャーズ戦が歯がかみ合って物事が動き出す選手としてのターニング・ポイントになったと思う）
Tour Companion	All the Bullet Club boys!!! （バレット・クラブのメンバーみんな!!!）
Personal Motto	Stay positive and always move forward!! （ポジティブに常に前進する!!）
Daily Routine	Gym, video gaming/streaming (twitch.tv/crownjewelbc) spending time with friends and family. （ジム、ゲーム／ゲーム実況、友達や家族と過ごす）
Precious Thing	Friends and family （友達と家族）
Hobbies and Skills	Video gaming （ゲーム）
Sports Background	Growing up I wrestled all through high school before turning pro wrestler. I also played baseball, football, basketball while growing up. （高校卒業までずっとレスリングをやっていた。その後プロレスに転向。子供の頃は野球、アメフト、バスケもやった）

BIOGRAPHY

2007年にアメリカのインディー団体でデビュー。2014年10月、NWA世界ヘビー級王者として新日本プロレスに初参戦し、2015年10月BULLET CLUBに加入。2021年7月の東京ドーム大会で矢野通を破り「KOPW2021」を獲得。2021年9月には『G1 CLIMAX』に初エントリーし、棚橋弘至を破るなど活躍。ニックネームの**crown jewel**は「王冠の宝石」「至宝」を意味する。インディー団体でさまざまなベルトを巻いていたことに由来。

FINISH HOLD

Package Piledriver
パッケージドライバー

相手の膝裏を捕らえながらパイルドライバーのように持ち上げて、脳天からマットに突き刺す。相手の手足の動きを封じるため、とても危険。**package**は「小包」の意味。

"Headbanga"（ヘッドバンガ）

El Phantasmo
エル・ファンタズモ

PERSONAL DATA

UNIT	BULLET CLUB
HEIGHT	185cm
WEIGHT	84kg
DATE OF BIRTH	Oct.24, 1986
BIRTHPLACE	Vancouver, Canada
DEBUT	Oct.30, 2005

CAREER HIGHLIGHTS

BIOGRAPHY

イギリスの団体「RPW」を主戦場に活躍。2019年5月、BULLET CLUBの新メンバー"X"として新日本プロレスに参戦。バランス感覚に優れ、ヒールファイトも織り交ぜた、緩急をつけたファイトスタイルが特徴。石森太二とのタッグでIWGPジュニアタッグ王座を3度戴冠。**headbanga**には「（頭を激しく振って歌い踊るような）音楽好き」の意味がある。

FINISH HOLD

Sudden Death
サドンデス

右足を相手の顎に強烈に打ち込むスーパーキック。コロナの自粛期間には、地元カナダの樹木を蹴って鍛え上げた。ブーツに何かが隠されているのではという反則疑惑も噴出中。**sudden death**は直訳すると「突然死」

Q&A

Influential Wrestler	You could say there's a little RVD in ELP. （エル・ファンタズモの中には小さいロブ・ヴァン・ダムが存在する）
Rivals	I feel like it's between Hiromu/Desperado. （ヒロムとデスペラードには何かを感じる）
Best Match	My last match is always my best match, so at the time of this writing I just knocked YOH out cold with the stiffest superkick in this business, Sudden Death. （常に直近にやった試合がベストマッチ。 だから、これを書いている今のベストマッチはYOHを鮮烈スーパーキック「サドンデス」でKOした試合）
Turning Point	Who comes up with these dumb questions? （こんなアホな質問誰が考えたの？）
Tour Companion	Ishimori, I love making him laugh. （石森。彼を笑わせるのが大好き）
Personal Motto	"Robbie Eagles will never beat El Phantasmo" （ロビー・イーグルスは絶対にエル・ファンタズモを倒せない）
Daily Routine	Wake up at noon, drink a smoothie, whoop some ass. （昼に起きてスムージーを飲む。誰かをコテンパンにする）
Precious Thing	I'm a big Grandma's boy. （俺はかなりのおばあちゃん子だよ）
Sports Background	As a Canadian, I played street hockey but I excelled at dodgeball. I'd always be the last man standing. （カナダ人だから、ストリート・ホッケーをやっていた。でも得意なのはドッジボール。最後まで残るタイプ）
Food and Drink	I love Ranch Crispers and blue raspberry Slurpees. （ランチ・クリスパー〈ランチドレッシング味のクラッカー〉とブルーラズベリー・スラーピー〈シャリシャリ半氷状のジュース〉）

Wrestler File **16**

"Tongan Giant"
（トンガン・ジャイアント）

Hikuleo
ヒクレオ

BULLET CLUB

PERSONAL DATA

UNIT	BULLET CLUB
HEIGHT	203cm
WEIGHT	120kg
DATE OF BIRTH	Feb.7, 1991
BIRTHPLACE	Florida, USA
DEBUT	Nov.12, 2016

BIOGRAPHY

父はレジェンドレスラーのキング・ハク、さ
らにタマ・トンガ、タンガ・ロアを兄に持ち、
プロレスの英才教育を施されてきた。デ
ビュー前には、ニュージーランドのファレ
道場で練習を積んだことも。2016年、ニュ
ージーランドの大会でヘナーレ相手にプ
ロレスデビュー。2021年8月、AEWの大会
内にて、IWGP USヘビー級王者ランス・
アーチャーに挑戦するも惜しくも敗れた。

FINISH HOLD

Tongan Driver
トンガンドライバー

ファイヤーマンズキャリーの体勢で相手
を担ぎ、相手を回転させながらマットに
叩きつける技。中邑真輔のランドスライド
と同型。**tongan**は「トンガの」という意味。

Q&A

Rivals	Nobody （いない）
Best Match	The next one （次の試合）
Turning Point	Wrestling in the UK （イギリスで試合をした事）
Into Now	Stock market （株式市場）
Daily Routine	Gym, walk dog, wrestling training, dinner （ジム、犬の散歩、レスリングのトレーニング、夕食）
Hobbies and Skills	Filmmaking & golf （映画制作とゴルフ）
Sports Background	Basketball / track & field / golf （バスケ、陸上、ゴルフ）
Role Model	My dad （父親）
Food and Drink	Tacos and tequila （タコス＆テキーラ）
Favorite Hangout	Lake Park （[フロリダ州]レイク・パーク）

"The Hatchet"（ザ・ハチェット）

Jeff Cobb

ジェフ・コブ

PERSONAL DATA

UNIT	UNITED EMPIRE
HEIGHT	178cm
WEIGHT	119kg
DATE OF BIRTH	Jul.11, 1982
BIRTHPLACE	Hawaii, USA
DEBUT	2009

CAREER HIGHLIGHTS

BIOGRAPHY

スープレックスを量産する圧倒的なパワーに加え、その場飛びムーンサルトプレスを始め、空中技も難なくこなす運動神経とバネを持つ。2004年のアテネ五輪にレスリングのグアム代表として出場。祖母が日本人のクオーター。2021年9月メットライフドーム大会にてオカダ・カズチカを撃破。The Hatchetには「手斧」から転じて「殺し屋」「刺客」の意味がある。

FINISH HOLD

Tour of the Islands
ツアー・オブ・ジ・アイランド

直訳すると「島巡り」。相手をロープに投げ、跳ね返ったところを抱えていったん停止。その後逆方向に回転しながら豪快に叩きつける技。

Q&A

Influential Wrestler	When I was younger Hulk Hogan made me a fan of wrestling, as I got older Bret Hart was the best.	（小さい頃は、ハルク・ホーガンを見てプロレスのファンになった。そのあとはブレット・ハートが一番好きなレスラー）
Rivals	Right now Shingo Takagi and Kota Ibushi… They have beaten me when it has counted the most, I must overcome them.	（今は鷹木信悟と飯伏幸太。ふたりとも大事な試合で負けた相手だから、打ち勝たないといけない）
Memorable Match	Probably the match I had with Shingo at Wrestle Kingdom, it was my first singles match at the Dome, and won't be my last.	（レッスルキングダムでの鷹木信悟戦かな。東京ドームで初のシングルマッチだったから。でも、またドームでシングルマッチをやってみせるぜ）
Turning Point	When I stopped caring what the fans thought of me and put myself as the number one focus point.	（ファンが俺の事をどう思うか気にするのをやめたこと。自分自身に集中することを第一に考えるようになった）
Tour Companion	Myself	（自分）
Personal Motto	Suplex 'em all and let God sort 'em out.	（すべての相手にスープレックスをかける、あとは神のみぞ知る）
Daily Routine	Train, eat, suplex, sleep.	（トレーニング、食べる、スープレックス、寝る）
Sports Background	Amateur wrestling, 2004 Olympian in case you forgot.	（2004年アテネ五輪アマチュア・レスリング代表。忘れていたらいけないから念のため）
Food and Drink	Beef	（牛肉）
Favorite Hangout	Wherever I decide to go.	（自分で行くと決めた場所ならどこでも）

Wrestler File **18**

"Ultimate Weapon"
（アルティメット・ウェポン）

Aaron Henare
アーロン・ヘナーレ

PERSONAL DATA

UNIT	UNITED EMPIRE
HEIGHT	180cm
WEIGHT	105kg
DATE OF BIRTH	Aug.5, 1992
BIRTHPLACE	Auckland, New Zealand
DEBUT	Sep.1, 2012

BIOGRAPHY

2016年新日本プロレスに入門。レスリング、ムエタイ、MMAなどさまざまな格闘技の素養がある。2021年4月の両国大会にて、グレート-O-カーン、ジェフ・コブのパートナーXとして姿を現し、UNITED EMPIREへ電撃加入。リングネームをトーア・ヘナーレからアーロン・ヘナーレに改名した。**ultimate weapon**は「究極兵器」の意。

FINISH HOLD
Streets of Rage
ストリーツ・オブ・レイジ

フィッシャーマンズ・スープレックスの体勢から担ぎ上げ、デスバレーボムの要領で背中からマットに叩きつける技。意味は「怒りの街並み」で同名のゲームがある（日本タイトルは「ベア・ナックル」）。

Q&A

Influential Wrestler	Nagata （永田）
Rivals	Ishii, Takagi （石井と鷹木）
Turning Point	Joining the UNITED EMPIRE. （UNITED EMPIRE加入）
Into Now	Training and studying other wrestlers. （トレーニングとプロレスラーたちの研究）
Personal Motto	You can't walk these streets of rage. （ストリート・オブ・レイジを歩いて通り抜けることができない）
Daily Routine	Wake up, running or Muay Thai, weight training, chill, dinner, drinking. （起きる、ランニングかムエタイ、ウェイト・トレーニング、休憩、夕飯、酒）
Precious Thing	Keeping integrity in a world without integrity. （威厳無き世の中で威厳を持ち続ける事）
Hobbies and Skills	Muay Thai, MMA, axe throwing and gun shooting, mizutabako. （ムエタイ、MMA、斧投げ、射撃、水タバコ）
Sports Background	Rugby, amateur wrestling, MMA, shotput, weapon training （ラグビー、アマレス、MMA、砲丸投げ、ウェポン・トレーニング）
Favorite Hangout	Shibuya （渋谷）

"The Machine Gun" (ザ・マシンガン)

Karl Anderson

カール・アンダーソン
〈インパクト・レスリング〉

PERSONAL DATA

HEIGHT	184cm
WEIGHT	109kg
DATE OF BIRTH	Jan.20, 1980
BIRTHPLACE	North Carolina, USA
DEBUT	May.10, 2002

CAREER HIGHLIGHTS

BIOGRAPHY

長らくタッグ戦線を中心に活躍するも、2016年2月新日本プロレスを退団。2021年7月に約5年ぶりに新日本プロレスに電撃復帰。『G1 CLIMAX 22』ファイナリスト、IWGPタッグ王座最多防衛記録保持者（パートナーはジャイアント・バーナード）。ニックネームの由来は、試合中にマシンガンを放つポーズを決めることから。

FINISH HOLD

Gun Stun
ガン・スタン

両腕で相手の頭を抱えるように肩に乗せ、そのまま前方にジャンプして顔面に衝撃を与える技。旋回式、雪崩式など、さまざまなバリエーションがある。

Q&A

Influential Wrestler	Ric Flair was my favorite wrestler when I was a kid. (子供の頃に一番好きだったのはリック・フレアー)
Rivals	Okada, Tanahashi, Makabe, Goto (オカダ、棚橋、真壁、後藤)
Memorable Match	So many. Okada, G1 Final 2012. Tanahashi, Hiroshima IWGP Title match Feb 2013. Shinsuke, New Japan Cup 2012 (たくさん。2012年G1ファイナルのオカダ戦。2013年2月広島での棚橋とのIWGPタイトルマッチ。2012年ニュージャパン・カップの中邑真輔戦)
Best Match	Tanahashi, Hiroshima 2013 (2013年広島での棚橋戦)
Turning Point	When Giant Bernard left for WWE in 2012, I had to be a singles wrestler. I beat Shinsuke in New Japan cup 2012 and that turned the corner for me. (2012年にジャイアント・バーナードがWWEに移籍することになり、シングルプレイヤーになる必要があった。同じ年のニュージャパン・カップで中邑に勝ったのが転機になった)
Tour Companion	Many many. YOSHI-HASHI, Makabe, Okada, Nagata, And many, many more. (たくさんいる。YOSHI-HASHI、真壁、オカダ、永田、それ以外にもたくさん)
Into Now	Just being very, very famous. Impact. AEW. New Japan. Very busy! (かなり有名になった。Impact、AEW、新日本も。超多忙！)
Personal Motto	G1 Final, 2012 (2012年のG1ファイナル)
Daily Routine	Coffee. Workout. Relax with family. (コーヒー。筋トレ。家族とのんびり)
Precious Thing	My family (家族)

Wrestler File **20**

"The Outlaw"（ジ・アウトロー）

Doc Gallows

ドク・ギャローズ
〈インパクト・レスリング〉

PERSONAL DATA

HEIGHT	203cm
WEIGHT	138kg
DATE OF BIRTH	Dec.22, 1983
BIRTHPLACE	Maryland, USA
DEBUT	Jan.22, 2005

CAREER HIGHLIGHTS

BIOGRAPHY

海外マットで活躍後、2013年11月、BULLET CLUBのメンバーとして新日本プロレスのリングに参戦。カール・アンダーソンとのタッグで、『WORLD TAG LEAGUE』優勝、IWGPタッグ王座を3回戴冠するなど活躍。2016年2月新日本プロレスを退団。2021年7月、カール・アンダーソンとともに約5年ぶりに新日本プロレスに電撃復帰。

FINISH HOLD

Hangmans Noose
ハングマンズ・ヌース

相手の首を両手で掴み体を宙につり上げ、その後にマットに叩きつける。直訳すると、「絞首刑」「首つり縄」。別名ネック・ハンギング・ボム。

Q&A

Influential Wrestler	Hulk Hogan （ハルク・ホーガン）
Rivals	Anyone who opposes The Super Elite （The Super Elite に背くヤツ全員）
Best Match	First Wrestle Kingdom, winning IWGP tag titles with Karl Anderson （初めてのレッスルキングダム、カール・アンダーソンとIWGPタッグのタイトルを取った試合）
Turning Point	Bullet Club （バレット・クラブ）
Tour Companion	Karl Anderson （カール・アンダーソン）
Into Now	Beating the shit out of people & being rich （男たちをボコボコにして金持ちになる事）
Personal Motto	Same old recipe: magic killer, 1-2-3, & just too sweet （昔から変わらないレシピ：マジックキラー、1-2-3、too sweet）
Daily Routine	beer drinking, lots of sex, sculpting my guns （ビール飲んで、たくさんセックスして銃を磨く）
Precious Thing	My children, wife, mansion, & all of my awards & titles we have won around the world are most precious. （子供たち、妻、邸宅＆自分がこれまでに世界中で獲得した称号＆タイトル）
Sports Background	I was an all-state & college football player. （アメフトの州代表＆大学代表選手）
Role Model	My role model is me. （俺の手本になるのは俺）
Food and Drink	Favorite food is *kani*, favorite drink: red wine （カニが大好き。好きな飲み物は赤ワイン）
Favorite Hangout	My favorite place to hangout is Roppongi or by my pool at my mansion. （六本木か自宅のプール）

"Filthy"（フィルシー）

Tom Lawlor
トム・ローラー

PERSONAL DATA

UNIT	Team Filthy
HEIGHT	183cm
WEIGHT	93kg
DATE OF BIRTH	May 15, 1983
BIRTHPLACE	Nevada, USA
DEBUT	2017

Q&A

Influential Wrestler	Kazushi Sakuraba （桜庭和志）
Rivals	I shall never forgive Chris Dickinson for his betrayal of TEAM FILTHY. （クリス・ディッキンソンがTEAM FILTHYを裏切った事を絶対に許さない）
Best Match	The NJPW STRONG Match of the Year against Fred Rosser （NJPW STRONGでマッチ・オブ・ザ・イヤーに選出された フレッド・ロッサー戦）
Into Now	Winning （勝つこと）
Personal Motto	Mottos are stupid and for weak people who need motivation, I don't because I have discipline. （モットーなんてバカげたものはモチベーションを必要とする弱者のものだ。俺には規律があるから不要）
Precious Thing	The love of this life, my NJPW STRONG Openweight Championship. （NJPW SRTONG無差別級王座こそが何よりも大切なもの）
Sports Background	I have been a world class mixed martial arts fighter for 14 years. I have a championship collegiate wrestling background, a Brazilian Jiu Jitsu black belt, and have 2 UFC Knockout of the Night honors to my name. （14年間総合格闘技のトップ選手として闘っていた。大学時代はアマレスでチャンピオン。ブラジリアン柔術黒帯。UFCでは2回ノックアウト・オブ・ザ・ナイト獲得）
Role Model	Takeru Kobayashi （小林尊）
Food and Drink	Cheeseburgers. I don't know how anyone can have a different answer. They are easily the best food and cover all of the nutritional needs like protein, fat, and carbo. I'd even go so far as to say I'd drink a cheeseburger if someone offered it to me. （チーズバーガー。これ以外の回答をする人が理解できない。ベストフードなのはもちろん、タンパク質、脂肪、炭水化物と必要な栄養素をすべて摂取できる。チーズバーガーなら飲めるよ）
Favorite Hangout	The gym. （ジム）

CAREER HIGHLIGHTS

BIOGRAPHY

UFCなどで活躍した総合格闘家。35歳でプロレスに本格参入し、2020年、新日本プロレスに参戦。日本のプロレス・格闘技マニア。『NJPW STRONG』で猛威を振るうTEAM FILTHYのリーダー。コスチュームはデニムのショートパンツ。filthyには、「下品」「不潔」の意味がある。

FINISH HOLD

Rear Naked Choke
スリーパーホールド

別名裸締め。なかなか逃げられず、特に両脚が胴体にフックした形で極まると脱出することは難しい。rear（リア）は「後ろ」の意味。

Wrestler File **22**

"Dirty Daddy"（ダーティー・ダディ）

Chris Dickinson
クリス・ディッキンソン

PERSONAL DATA

UNIT	Free
HEIGHT	178cm
WEIGHT	107kg
DATE OF BIRTH	Aug.11, 1987
BIRTHPLACE	New York, USA
DEBUT	2002

BIOGRAPHY

2021年1月新日本プロレス初参戦。TEAM FILTHYの一員として活動も、NJPW STRONG王座戦を前に追放される。タイツからいつも紐が出ている。**Dirty Daddy**は直訳すると「汚いパパ」だが、**dirty**には「悪い」、**daddy**には「性的に魅力的な男性」という意味もある。

FINISH HOLD

Running Death Valley Bomb
ランニング・デスバレーボム

相手を肩に担ぎ、駆け出しながら自ら横に倒れこみ相手を頭部から落とす技。

Q&A

Influential Wrestler	Kenta Kobashi, Keiji Muto, Antonio Inoki, Nobuhiko Takada, Masato Tanaka, Manami Toyota, Minoru Suzuki, Yuji Nagata （小橋健太、武藤敬司、アントニオ猪木、高田延彦、田中将斗、豊田真奈美、鈴木みのる、永田裕志）
Rivals	Ren Narita, Tom Lawlor （成田蓮、トム・ローラー）
Best Match	They all have served a purpose. （全ての試合に意味がある）
Into Now	As far as pro wrestling? Right now I'd say mostly NJPW, 80s UWF, Stardom. I'm always watching pro wrestling! （プロレスなら、今は新日本ほぼ全部、1980年代のUWF、スターダム。いつもプロレスを見ているよ！）
Personal Motto	You only have one death, don't waste it on a half-assed life!!! （死が訪れるのは一度だけ、それを恐れて人生を無駄にするな！）
Hobbies and Skills	I can play drums, bass and guitar. I've played in several bands. Saltwater and freshwater fishing, old video games, old anime. I'm very good at Fire Pro Wrestling. （ドラム、ベース、ギターを弾ける。いくつかバンドに所属していた事もある。海釣り、淡水釣り、昔のゲーム、昔のアニメ。ゲームのファイヤープロレスが超得意）
Sports Background	Karate, catch wrestling, tae kwon do, Brazilian jiu jitsu. （空手、キャッチ・レスリング、テコンドー、ブラジリアン柔術）
Role Model	Anyone who fights hard from the bottom and keeps moving forward no matter the circumstances or situation!!! （いかなる状況に置かれても、常に全身全霊で戦い前進し続ける人なら誰でも！）
Food and Drink	Pizza, sushi, sashimi, Korean BBQ, chanko, eggs, my own protein shakes, lots of coffee! （ピザ、寿司、刺身、焼き肉、ちゃんこ鍋、卵、俺オリジナル・プロテインシェーク、たっぷりのコーヒー！）
Favorite Hangout	In Japan? Super Potato In Akihabara! （日本で？ 秋葉原のスーパーポテト！）

"Big Bad"（ビッグバッド）

Brody King
ブロディ・キング

PERSONAL DATA

UNIT	NJPW STRONG
HEIGHT	196cm
WEIGHT	129kg
DATE OF BIRTH	Mar.17, 1987
BIRTHPLACE	USA
DEBUT	Jul.31, 2015

BIOGRAPHY

身長196cm、体重129kgという恵まれた体格で荒々しいファイトを繰り広げる。2020年には、IWGP USヘビー級王座挑戦権利証争奪戦でKENTAに挑戦。『NEW JAPAN CUP in THE USA 2021』ファイナリスト。現在は、クリス・ディッキンソンと野獣タッグを結成。

FINISH HOLD

Gonzo Bomb
ゴンゾボム

カナディアンバックブリーカーの要領で相手を肩に担ぎ、シットダウンしながら脳天から落とす説得力、破壊力抜群の技。**gonzo**には「異常」「でたらめ」の意味がある。

Q&A

Influential Wrestler	Chris Hero （クリス・ヒーロー）
Rivals	TEAM FILTHY and BULLET CLUB （TEAM FILTHY と BULLET CLUB）
Memorable Match	Against Rocky Romero and Kazuchika Okada at the ryogoku sumo hall （両国国技館でのロッキー・ロメロ＆オカダ・カズチカとの試合）
Best Match	I think my best match was either against KENTA or against Tom Lawlor for the NJPW STRONG Openweight title （ベストマッチは、NJPW STRONG無差別級でのKENTA戦かトム・ローラー戦かな）
Personal Motto	Life is hard, be harder （人生はつらい、もっと強くなれ）
Precious Thing	My children （子供たち）
Hobbies and Skills	I sing in a hardcore metal band called God's Hate （God's Hate というハードコア・バンドで歌っている）
Sports Background	I wrestled all 4 years of high school. （高校4年間ずっとレスリング）
Role Model	My father （父親）
Food and Drink	My favorite food is pizza and my favorite drink is Dr Pepper Zero （ピザとドクター・ペッパー・ゼロが大好き）
Favorite Hangout	The movie theater （映画館）

Wrestler File **24**

"Fil-Am Flash"
（フィルアムフラッシュ）

TJP

TJP

Q&A

Influential Wrestler	Eddy Guerrero has always been my biggest influence in and out of the ring. （エディ・ゲレロからはリング内外に関わらず常に大きな影響を受けて来た）
Rivals	Whoever is next haha! I have heroes and inspirations but I don't believe in putting people on pedestals. （次に来るヤツは誰でも（笑）！ 憧れのヒーローも刺激を受ける存在もいるが、偶像化するのは違うと思っているんだ）
Memorable Match	Me vs Kota Ibushi in WWE. （WWEでの飯伏幸太との試合）
Best Match	I don't know if it's the best or not, but Super J-Cup 2019 on the final night in Los Angeles. The tag-team match with me, Jushin Liger, Ryusuke Taguchi, Amazing Red vs Rocky Romero, Robbie Eagles, and Roppongi 3K. （ベストと言えるかわからないけど、LAで開催された2019年のスーパーJカップ・ファイナル。俺、獣神サンダー・ライガー、田口隆祐＆アメージング・レッドvsロッキー・ロメロ、ロビー・イーグルス＆Roppongi 3Kのタッグ）
Tour Companion	Karl Fredericks. We have similar personalities and interests. （カール・フレドリックス。彼とは性格や好きな物が似ている）
Into Now	I love watching sports and playing video games. （スポーツ観戦とゲーム）
Personal Motto	"A great artist can take the same tools as anyone else and still create something special and irreplaceable." （偉大なアーティストは、人と同じ道具を使っても特別で比類なき作品を生み出すことができる）
Precious Thing	I have 2 pet pigs at home. A boy and a girl, named Pugsley and Cupcake. （家にはペットの豚が2匹いる。オスとメス。名前は、パグスリーとカップケーキ）
Hobbies and Skills	Ice skating, I love hockey! （アイススケート。アイスホッケーが大好き！）
Role Model	In the ring, Eddy Guerrero and Satoru Sayama. （リング内ならエディ・ゲレロと佐山聡）

PERSONAL DATA

UNIT	UNITED EMPIRE
HEIGHT	178cm
WEIGHT	79kg
DATE OF BIRTH	Sep.3, 1984
BIRTHPLACE	California, USA
DEBUT	1998

BIOGRAPHY

旧ロス道場メンバー。ロッキー・ロメロ、ブライアン・ダニエルソンらとトレーニングを積んだ。2002年、18歳にして新日本プロレスに初参戦。WWEをへて、2019年にアメリカで開催された『SUPER J-CUP 2019』にエントリー。約17年ぶりに新日本プロレスに参戦した。母親がフィリピン出身で、**Fil-Am**は、**Filipino American**「フィリピン系アメリカ人」の略。

FINISH HOLD

Pinoy Stretch
ピノイ・ストレッチ

STFにコブラツイストを合わせた複合技。**pinoy**（ピノイ）は「フィリピン人男性」の意味。

"The Alpha Wolf"
（ジ・アルファウルフ）

Karl Fredericks
カール・フレドリックス

PERSONAL DATA

UNIT	NJPW STRONG
HEIGHT	185cm
WEIGHT	100kg
DATE OF BIRTH	Jul.15, 1990
BIRTHPLACE	Nevada, USA
DEBUT	2015

Q&A

Influential Wrestler	Jeff Hardy （ジェフ・ハーディー）
Rivals	I am determined to compete against everyone. （誰とでも対戦するという意気込みでやっている）
Best Match	vs Clark Connors on NJPW STRONG （NJPW STRONGでのクラーク・コナーズ戦）
Turning Point	When I met Shibata-san and joined the LA Dojo. （柴田さんに会ってLA道場に入ったこと）
Tour Companion	Clark Connors （クラーク・コナーズ）
Into Now	I've taken up learning how to DJ and produce dance music. （DJとダンスミュージックのプロデュースを勉強している）
Hobbies and Skills	Music has always been a serious hobby of mine, I also spend a lot of time watching horror movies. （音楽は趣味以上に好き。あとはホラー映画をたくさん観ている）
Sports Background	Football (quarterback), basketball, track and field (pole vault), and swimming （アメフト〈ポジションはQB〉、バスケ、陸上〈棒高跳び〉、水泳）
Role Model	Georges St-Pierre （ジョルジュ・サンピエール〈GSP、元UFC2階級王者〉）
Favorite Hangout	I love to dance, so I would say any club or bar with a good dance floor （ダンスが大好きだから、よいダンスフロアがあるクラブとかバー）

BIOGRAPHY

新日本プロレスLA道場一期生。入門前にはアメリカのインディー団体で活動していた。2019年に開催されたヤングライオン杯にLA道場代表として参戦し優勝。2021年6月、トム・ローラーの持つNJPW STORNG無差別級王座に挑戦するも敗れた。**alpha**は動物の群れの「ボス」のこと。

FINISH HOLD
Manifest Destiny
マニフェストディスティニー

相手の体を急角度に持ち上げて一気に落とすDDT。直訳すると「明白なる運命」。

Wrestler File **26**

Alex Coughlin
アレックス・コグリン

LADOJO

PERSONAL DATA

UNIT	LA DOJO
HEIGHT	183cm
WEIGHT	100kg
DATE OF BIRTH	Dec.3, 1993
BIRTHPLACE	New York, USA
DEBUT	Sep.30, 2018

BIOGRAPHY

新日本プロレスLA道場一期生。入門前の試合経験はなく、LA道場でキャリアをスタートさせた。2019年9月に開催されたヤングライオン杯にLA道場代表として参戦。柴田勝頼の英語の先生。自身も日本語を勉強中。現LA道場キャプテン。

Q&A

Influential Wrestler	It's difficult to say because I like to draw bits and pieces from so many, but if I had to say just one it would be Scott Steiner for sure (outside of Shibata-san obviously). （難しい。たくさんのレスラーといろんな所から影響を受けているから。でもひとり選ぶとしたら、スコット・スタイナー〈もちろん柴田さん以外での話だよ！〉）
Memorable Match	Has to be my debut match against Clark at Fighting Spirit Unleashed 2018. （Fighting Spirit Unleashed 2018でのデビュー戦。相手はクラークだった）
Turning Point	When I was out with my neck injury. （首のケガで戦線離脱した時）
Tour Companion	I always have a great time hanging with Clark and Karl. （クラーク＆カールといるのはいつも楽しい）
Into Now	French metal music-bands like Les Discrets, Alcest, and Amesoeurs. （Les Discrets, Alcest, Amesoeurs あたりのフランスのメタルミュージックバンドが好き）
Precious Thing	The times I get to spend with my brothers when we just hang out and play Smash Bros. and talk trash to each other. （兄弟と一緒にスマブラをやったり、バカ話をしたりしている時）
Hobbies and Skills	I've been playing drums since I was 13 years old. You should check out my friends ShadowStrike! （13歳からドラムを叩いている。友達のバンド ShadowStrike をチェックしてみて！）
Sports Background	Soccer was my main sport growing up, but I also played some baseball and a little bit of rugby in college. （小さい頃はサッカーをやっていた。野球も。あと大学時代は少しラグビーもやった）
Food and Drink	Anyone who knows me is well aware I'm hopelessly addicted to coffee. （俺を知っている人ならわかると思うけど、救いようのないコーヒー中毒）
Favorite Hangout	Back on Long Island I'd frequent this cafe called Coffee Cartel that I still hit up whenever I'm back in town. （ロングアイランドに Coffee Cartel〈コーヒー・カルテル〉っていうカフェがあって、帰ると行っているよ）

"Wild Rhino" (ワイルドライノ)

Clark Connors

クラーク・コナーズ

PERSONAL DATA

UNIT	NJPW STRONG
HEIGHT	173cm
WEIGHT	92kg
DATE OF BIRTH	Oct.6, 1993
BIRTHPLACE	Washington, USA
DEBUT	Sep.30, 2018

BIOGRAPHY

新日本プロレスLA道場一期生。入門前にはアメリカのインディー団体で活動していた。2019年9月に開催されたヤングライオン杯にLA道場代表として参戦。2021年10月『LION'S BREAK:CROWN』決勝戦でダニー・ライムライトを破り優勝。ニックネームの**rhino**は「サイ」

Q&A

Rivals	I see Yuya Uemura as a main rival of mine in the future. (将来的に上村優也が大きなライバルになると見ている)
Memorable Match	The opening match at the G1 Climax Final in 2019. It was Karl Fredericks and myself fighting Ren Narita and Yota Tsuji at Nippon Budokan. (2019年G1クライマックス・ファイナル。武道館でカール・フレドリックスとのタッグで成田蓮＆辻陽太と試合をした)
Best Match	My recent encounter with Karl Fredericks on NJPW STRONG. (NJPW STRONGでのカール・フレドリックス戦)
Tour Companion	My tour companion is a tie between any of the original LA Dojo guys. Gabe, Alex, and Karl are always so fun to travel with and talk to about any subject. (新日本内での仲間はLA道場一期生のみんな。ゲイブ、アレックス、カールとは移動中もいつも話が尽きない)
Into Now	At the moment I am very focused on my Japanese study. I want to come back to Japan with a much more rich knowledge of the culture and language. (今は日本語の勉強を集中的にやっている。次に日本に行く時までに文化や言葉の知識を増やしておきたい)
Personal Motto	"Every morning, every evening, every damn day, know your purpose." (毎朝、毎晩、いつ何時も、自分の目的を忘れるな)
Sports Background	My sports background includes roughly 14 years of American football, in which I competed up to and at the collegiate level. (アメフトを約14年間、大学卒業までやっていた)
Role Model	My biggest role model is my mom. (手本にしているのは母親)
Food and Drink	Beer! (ビール！)
Favorite Hangout	My favorite hangout is right outside my hometown, in the summertime, on the river. (好きな場所は地元の近く。特に夏の川)

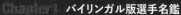

LADOJO

The DKC
ザ・DKC

PERSONAL DATA

UNIT	LA DOJO
HEIGHT	172cm
WEIGHT	70kg
DATE OF BIRTH	unknown
BIRTHPLACE	USA
DEBUT	Mar.30, 2018

BIOGRAPHY

2018年にプロレスラーデビュー。2021年1月『NJPW STRONG』での試合後にマイクアピールを行い、新日本プロレスLA道場への入門を直訴。これを柴田勝頼ヘッドコーチが快諾し、LA道場入りが決定した。

Q&A

Influential Wrestler	It's got to be Shibata-san. He has elevated my game and technique so much, and also taught me to show my fighting spirit and use the fire I have inside of me （柴田さん。彼がテクニックを伝授してくれて、俺を選手として引き上げてくれた。内なる炎を燃やし、闘魂を見せる事も教えてくれた）
Memorable Match	I wrestled Tom Lawlor on NJPW STRONG and I felt like I really started coming into my own during that match. （NJPW STRONGでトム・ローラーと試合をしている時に、本当に自分を出して闘えるようになっていると感じた）
Turning Point	I'd say joining the LA Dojo. LA Dojo has made me dig deep and be the wrestler and person I am today. （LA道場に入門した事。道場で自分を掘り下げ、レスラーとして人として今の自分になれた）
Tour Companion	LA Dojo 4 life （LA道場は永遠）
Personal Motto	D... K... Fire !!!! （D…K…ファイヤー!!）
Daily Routine	Wake up. Eat. Train wrestling. Eat. Weightlifting. Eat. Shower. Eat. Film study. Eat. Sleep... maybe eat more. （起きる、食事、レスリングのトレーニング、食事、ウェイト・リフティング、食事、シャワーを浴びる、食事、映像を見て勉強、食事、寝る……もしかしたら食事はもっと多いかも）
Precious Thing	Having a positive mindset. （ポジティブ・マインドでいる事）
Sports Background	Karate! Hiya! （空手! ハイヤー!）
Food and Drink	Tacos! If you come to Los Angeles you have to get some carne asada tacos. （タコス! LAに来ることがあったらカルネアサダタコスを食べてみて）
Favorite Hangout	It's definitely the beach! I'm a California kid so beach time is like church time! （これは間違いなくビーチ! 俺はカリフォルニア・キッドだから、ビーチに行くことは教会に行くみたいなものだよ!）

Alumni
過去の参戦レスラー

数年前まで新日本プロレスに
レギュラー参戦していたレスラーたち。
Never Say Never
「ありえないことなんてない」のがプロレス界。
またどこかで交わる可能性も。

※掲載内容は新日本プロレス参戦時のものです。

Wrestler File 29
"THE BEST BOUT MACHINE"
(ザ・ベスト・バウト・マシン)
Kenny Omega
ケニー・オメガ

史上最強外国人との呼び声も高い人気レスラー。2010
年新日本プロレス初参戦。2016年、『G1 CLIMAX』に
初出場初優勝。2018年6月にはオカダ・カズチカを破り
IWGPヘビー級王者に。3代目BULLET CLUBリーダー。

Wrestler File 30
"The Alpha"(ジ・アルファ)
Chris Jericho
クリス・ジェリコ

元WWEの超大物スーパースター。一夜にして
スティーブ・オースチンとザ・ロックを倒した男。
2018年に新日本プロレスに電撃参戦。最後に
登場したのは、2020年1月5日の棚橋弘至戦。

Wrestler File 31
"Murderhawk Monstar"(マーダーホーク・モンスター)
Lance Archer
ランス・アーチャー

2011年に新日本プロレス参戦。鈴木軍のメ
ンバーとしてタッグ戦線を中心に活躍。2019
年10月にはIWGP USヘビー級王座を獲得。
ニックネームは **mohawk**「モヒカン」に由来。

Wrestler File **32**

"Dudebuster"（デュードバスター）

Beretta
バレッタ

2013年に新日本プロレス参戦。ロッキー・ロメロと「ROPPONGI VICE」を結成、2015年4月IWGPジュニアタッグ王座獲得。2017年よりヘビー級転向。ニックネーム、**Dudebuster**は必殺技の名前。

Wrestler File **33**

"The American Nightmare"（ジ・アメリカン・ナイトメア）

Cody
コーディ

父は名レスラー、ダスティ・ローデス。2017年、BULLET CLUBの新メンバーとして新日本プロレスに参戦。**nightmare**は「悪夢」の意味。AEW（オール・エリート・レスリング）の副社長を務める。

Wrestler File **34.35**

The Young Bucks
ヤング・バックス

"Mr. Instant Replay"
（ミスター・インスタント・リプレイ）

Matt Jackson
マット・ジャクソン

"Slick Nick"
（スリック・ニック）

Nick Jackson
ニック・ジャクソン

2013年10月、BULLET CLUBの一員として新日本プロレスに参戦。IWGPジュニアタッグ王座を7度獲得するなど、ジュニアのタッグ戦線の中心チームだった。弟ニックの**slick**は「ズル賢い」の意味。

Wrestler File **36**

"The Hangman"（ザ・ハングマン）

Hangman Page
ハングマン・ペイジ

2016年6月、BULLET CLUBの一員として新日本プロレスに参戦。2018年には『G1 CLIMAX 28』にもエントリー。2019年1月、ケニー・オメガと共に新日本プロレスを離脱。**hangman**は「絞首刑執行人」の意。

special

Chase Owens
チェーズ・オーエンズ

📷 I enjoy hanging out with my friends!
仲間と出かけるのが好き！

📷 I've been wrestling since a very young age.
小さい頃から
レスリングを
していた。

Aaron Henare
アーロン・ヘナーレ

📷 TV Personality
(New Zealand Television)
テレビ出演
（ニュージーランドのテレビ局）

Jeff Cobb
ジェフ・コブ

📷 Make sure to stop and smell the roses, enjoy the smaller things in life... Or I'll suplex you.
しっかり立ち止まってバラの香りを嗅ぐ、人生のささいな物事を楽しむんだ…さもないとスープレックスを極めるぞ。

EL PHANTASMO
エル・ファンタズモ

📷 A selfie with Kevin Kelly at New Beginning during my short stint on Commentary.
ザ・ニュービギニングでケビン・ケリーとセルフィー、試合の解説をしたんだ（※2021年1月30日）

📷 My CBR600RR motorcycle at sunset.
夕暮れに映える
俺の単車
CBR600RR

044

shots

リング外でのスペシャルショットを
選手本人からのコメント付きで
特別公開！

📷 Here's my
doggie,
Ralph!!
I love him.
俺のペット、
ラルフだよ！
大好き。

Tom Lawlor
トム・ローラー

Juice Robinson
ジュース・ロビンソン

📷 Here I am meeting Mr. Tanahashi
in the USA while purchasing an
autograph for Dave Meltzer.
アメリカで棚橋さんのサイン会。デイブ・メ
ルツァーのためにサインをもらいに行ったよ。

📷 Here's my
girlfriend,
Toni! I'm going
to marry her
some day!
恋人のトニー！
いつか結婚するよ！

📷 Never forget
where you
came from.
ルーツを
忘れるなかれ

Bad Luck Fale
バッドラック・ファレ

📷 Sightseeing with Okada オカダと観光

📷 The view from the NZ Dojo in the evening.
夕方、ニュージーランド道場からの眺め

Rocky Romero
ロッキー・ロメロ

"The Master of The Century"
(100年に一人の逸材)

Hiroshi Tanahashi

棚橋弘至

PERSONAL DATA

UNIT	NJPW main unit
HEIGHT	181cm
WEIGHT	101kg
DATE OF BIRTH	Nov.13, 1976
BIRTHPLACE	Gifu, Japan
DEBUT	Oct.10, 1999

CAREER HIGHLIGHTS

BIOGRAPHY

立命館大学卒業後の1999年に入門。新日本プロレスを復活させた立役者であり、不動の大エース。8度にわたるIWGPヘビー級王座の戴冠、全国公開映画の主演などリング内外で大活躍。ブログを10年間以上ほぼ毎日更新し続けている。常に**high energy**「精力的」で、口癖は「生まれてから一度も疲れたことがない」。

FINISH HOLD
High Fly Flow
ハイフライフロー

コーナーポスト最上段から、相手に全体重を浴びせるように落下するダイビングボディプレス。相手の背中や足、場外に向けてダイブすることもある。

Wrestler File 38

"Golden Star"(ゴールデン☆スター)

Kota Ibushi

飯伏幸太

PERSONAL DATA

UNIT	NJPW main unit
HEIGHT	181cm
WEIGHT	93kg
DATE OF BIRTH	May 21, 1982
BIRTHPLACE	Kagoshima, Japan
DEBUT	Jul.1, 2004

CAREER HIGHLIGHTS

BIOGRAPHY

DDTプロレスリングでデビュー。彫刻のような肉体、抜群の身体能力と破天荒な空中殺法で見るもの全てを虜にする天才レスラー。『BEST OF THE SUPER Jr.』優勝、IWGPジュニアヘビー級王座戴冠をへて、ヘビー級へ転向。2019年より新日本プロレス所属。2019年、2020年『G1 CLIMAX』2連覇。初代IWGP世界ヘビー級王者。

FINISH HOLD
Kamigoye
カミゴェ

両手をつかんだまま、顔面に膝を叩き込む技。最初は「人でなしニー」と呼ばれていた。自身が「神」と語る棚橋を倒したことにより命名。

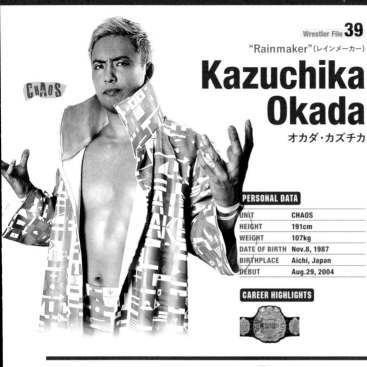

Wrestler File **39**

"Rainmaker"（レインメーカー）

Kazuchika Okada

オカダ・カズチカ

BIOGRAPHY

中学時代は陸上部で100メートルを11秒台で走る抜群の運動神経を誇る。中学卒業後15歳で闘龍門に入門。業界を代表するレスラーとして他のスポーツのアスリートとの交流も多い。ニックネームの **Rainmaker** とは「カネの雨を降らせる男」。IWGPヘビー級王座を歴代最多通算30回防衛。

FINISH HOLD
Rainmaker
レインメーカー

背後から左手で相手の右腕を引っ張りながら、体を振り向かせた瞬間に自身の右腕を喉元に叩きつける。対戦相手との技の読み合いの流れの中で繰り出されることも多い。

PERSONAL DATA

UNIT	CHAOS
HEIGHT	191cm
WEIGHT	107kg
DATE OF BIRTH	Nov.8, 1987
BIRTHPLACE	Aichi, Japan
DEBUT	Aug.29, 2004

CAREER HIGHLIGHTS

Wrestler File **40**

"El Ingobernable"
（制御不能なカリスマ）

Tetsuya Naito

内藤哲也

BIOGRAPHY

公開入門テストに合格し入門。高橋裕二郎と結成したNO LIMIT時代には、ジュニア、ヘビーの両タッグベルトを獲得するなど活躍。2015年にロス・インゴベルナブレス・デ・ハポン（L・I・J）を結成。全国各地でL・I・J旋風を巻き起こし、IWGPヘビー級王座を戴冠。人気、実力ともにトップの座を獲得した。自他ともに認める新日本プロレスマニアで広島東洋カープの大ファン。

FINISH HOLD
Destino
デスティーノ

相手を支柱にして逆上がりのように回転しながら遠心力をつけ、リバースDDTの形で落下する。スペイン語で「運命」の意味。

PERSONAL DATA

UNIT	LOS INGOBERNABLES de JAPON
HEIGHT	180cm
WEIGHT	102kg
DATE OF BIRTH	Jun.22, 1982
BIRTHPLACE	Tokyo, Japan
DEBUT	May.27, 2006

CAREER HIGHLIGHTS

LOS INGOBERNABLES de JAPON

Wrestler File **41**

"TIME BOMB"（タイムボム）

Hiromu
Takahashi

高橋ヒロム

PERSONAL DATA

UNIT	LOS INGOBERNABLES de JAPON
HEIGHT	171cm
WEIGHT	88kg
DATE OF BIRTH	Dec.4, 1989
BIRTHPLACE	Tokyo, Japan
DEBUT	Aug.24, 2010

CAREER HIGHLIGHTS

BIOGRAPHY

2016年11月に長期の海外遠征から凱旋。恩人である内藤哲也率いるL・I・Jに加入。翌年の東京ドーム大会では、KUSHIDAを破りIWGPジュニアヘビー級王座を戴冠した。ヤングライオン時代から「IWGPジュニアのベルトを巻き、ジュニアのままIWGPヘビーのベルトを巻いてゴールデンタイムで試合をする」と公言している。2020年にはスタイルブックも発売。

FINISH HOLD

Time Bomb Ⅱ
タイムボムⅡ

相手を逆さまに担ぎ上げ、左側に倒れWながら後頭部をマットに叩きつける荒技。**Time Bomb**は「時限爆弾」の意味。

Wrestler File **42**

"THE DRAGON"（ザ・ドラゴン）

Shingo
Takagi

鷹木信悟

PERSONAL DATA

UNIT	LOS INGOBERNABLES de JAPON
HEIGHT	178cm
WEIGHT	100kg
DATE OF BIRTH	Nov.21, 1982
BIRTHPLACE	Yamanashi, Japan
DEBUT	Oct.2004

LOS INGOBERNABLES de JAPON

CAREER HIGHLIGHTS

BIOGRAPHY

デビュー前はアニマル浜口道場で、内藤哲也、BUSHIとともにトレーニングを積む。DRAGONGATEをへて、2018年、L・I・Jの新メンバー（バレハ）として新日本プロレスに参戦。『BEST OF THE SUPER Jr.26』では全勝で決勝進出も、ウィル・オスプレイに敗れて準優勝。2021年6月、オカダ・カズチカを破り第3代IWGP世界ヘビー級王者に。

FINISH HOLD

Last of
the Dragon
ラスト・オブ・ザ・ドラゴン

相手の手首を固定しながら肩の上に担ぎ、回転させながら頭から落とす変形のデスパレー・ドライバー。

Wrestler File **43**

"The Wrestler"（ザ・レスラー）

Katsuyori Shibata
柴田勝頼

BIOGRAPHY
棚橋弘至、中邑真輔とともに、新・闘魂三銃士として脚光を浴びるも2005年に退団。総合格闘技をへて、2012年8月に新日本のリングへ登場して宣戦布告。『NEW JAPAN CUP 2017』優勝。2017年4月9日のIWGPヘビー級王座戦で負傷し長期欠場中。2018年3月、ロサンゼルスに新設されたLA道場のヘッドコーチに就任し、新日本プロレスの「魂」を伝えるべく奮闘中。

FINISH HOLD
PK
ペナルティー・キック

助走をつけて胸板にキックを叩き込む技。スリーパー・ホールドで締め落としてから放つことが多い。

PERSONAL DATA
UNIT	LA DOJO
HEIGHT	183cm
WEIGHT	95kg
DATE OF BIRTH	Nov.17, 1979
BIRTHPLACE	Mie, Japan
DEBUT	Oct.10, 1999

CAREER HIGHLIGHTS

Wrestler File **44**

KENTA
KENTA

BIOGRAPHY
ジュニアの体格でありながら負けん気の強いファイトでヘビー級相手に活躍。プロレスリング・ノア、WWEをへて、2019年に新日本プロレスのリングに登場も、盟友柴田勝頼を裏切りBULLET CLUBへ加入。2020年1月5日、東京ドーム大会のメインイベント後に乱入。3万人が待望した内藤哲也のマイクパフォーマンスを妨害し、場内は大ブーイングに包まれた。

FINISH HOLD
Go 2 Sleep
ゴートゥースリープ

両肩に担ぎ上げた相手を落としながら、下から膝で迎え撃つKENTAのオリジナル技。AEWのCMパンクも使用。

PERSONAL DATA
UNIT	BULLET CLUB
HEIGHT	174cm
WEIGHT	85kg
DATE OF BIRTH	Mar.12, 1981
BIRTHPLACE	Saitama, Japan
DEBUT	May 24, 2000

CAREER HIGHLIGHTS

"The Unchained Gorilla"
（暴走キングコング）

Togi Makabe
真壁刀義

PERSONAL DATA

UNIT	G·B·H
HEIGHT	181cm
WEIGHT	110kg
DATE OF BIRTH	Sep.29, 1972
BIRTHPLACE	Kanagawa, Japan
DEBUT	Feb.15, 1997

CAREER HIGHLIGHTS

BIOGRAPHY

1997年デビュー。長い間不遇の時代を過ごすも、インディー団体への出撃、ハードコアファイトをきっかけにブレイク。本間とのタッグ、G·B·Hは、**Great Bash Heel**の略で「最も偉大で凶悪なヒール」の意味。メディアへの露出が新日本プロレスで一番多く、知名度も抜群。入場テーマは **Immigrant Song**で和訳は「移民の歌」。

FINISH HOLD
King Kong Knee Drop
キングコングニードロップ

トップロープ最上段から相手の首筋へ片膝を叩き込むダイビングニードロップ。この技で『G1 CLIMAX』を制覇したことも。

"Blue Justice"
（ブルージャスティス）

Yuji Nagata
永田裕志

PERSONAL DATA

UNIT	Seigigun
HEIGHT	183cm
WEIGHT	108kg
DATE OF BIRTH	Apr.24, 1968
BIRTHPLACE	Chiba, Japan
DEBUT	Sep.14, 1992

CAREER HIGHLIGHTS

BIOGRAPHY

レスリングで輝かしい実績を残し、日本体育大学卒業後に新日本へ入門。同期は、中西学、大谷晋二郎、ケンドー・カシンなどで、天山広吉相手にデビュー。低迷期の新日本プロレスを支えた一人で、2002年にはIWGPヘビー級王座を10回防衛。**justice**は「正義」の意味。腕固めを極める際に白目をむくことも。「白目をむく」は英語で**roll one's eyes back**。

FINISH HOLD
Nagatalock Ⅱ
ナガタロックⅡ

グラウンド式の腕極めフェイスロック。ナガタロックは全部で5種類あるが、最も多用されるのがⅡ。

Wrestler File **47**

"Kokeshi"（みんなのこけし）

Tomoaki Honma

本間朋晃

PERSONAL DATA

UNIT	G･B･H
HEIGHT	181cm
WEIGHT	98kg
DATE OF BIRTH	Nov.18, 1976
BIRTHPLACE	Yamagata, Japan
DEBUT	May 18, 1997

CAREER HIGHLIGHTS

BIOGRAPHY

大日本プロレス、全日本プロレスをへて、2006年に新日本プロレスに参戦。当初は「帰れ」コールを浴びることも多かったが、次第に認められ今では誰からも愛される人気レスラーに。真壁刀義とのタッグで、2015年、2016年『WORLD TAG LEAGUE』連覇。持ち味の「しわがれ声」は英語で**hoarse voice**（ホース・ボイス）。

FINISH HOLD
Kokeshi
こけし

独自のフォームでコーナーから放たれるダイビングヘッドバット。リング上で放たれる場合は、小こけしと呼ばれる。名前の由来は出身地山形の名産品。

Wrestler File **48**

"Funky Weapon"（ファンキー・ウエポン）

Ryusuke Taguchi

田口隆祐

PERSONAL DATA

UNIT	NJPW main unit
HEIGHT	180cm
WEIGHT	91kg
DATE OF BIRTH	Apr.15, 1979
BIRTHPLACE	Miyagi, Japan
DEBUT	Nov.22, 2002

CAREER HIGHLIGHTS

BIOGRAPHY

早くから頭角を現し、若手時代は「ドロップキックマスター」と呼ばれていた。近年はコミカルファイトで会場を沸かせることが多いが、『BEST OF THE SUPER Jr.』優勝、プロレス大賞「年間最高試合賞」など、数々の実績を誇る。年に何回かシリアスモードが発動する。演技力、歌唱力にも定評があり、道標明名義でCDも発売している。

FINISH HOLD
Oh My & Garankle
オーマイ&ガーアンクル

田口用語の「オーマイ&ガーファンクル」をもじったアンクルホールド。相手の必殺技と高度な切り返し合戦となることも多い。

Wrestler File **49**

"Wild Bull" (猛牛)

Hiroyoshi Tenzan

天山広吉

PERSONAL DATA

UNIT	NJPW main unit
HEIGHT	183cm
WEIGHT	115kg
DATE OF BIRTH	Mar.23, 1971
BIRTHPLACE	Kyoto, Japan
DEBUT	Jan.11, 1991

CAREER HIGHLIGHTS

BIOGRAPHY

1990年に入門。1年後輩が後のパートナーである小島聡。4度のIWGPヘビー戴冠、12度のIWGPタッグ戴冠、3度の『G1 CLIMAX』制覇など輝かしい実績を誇る現役30周年を迎えたリビングレジェンド。猛牛のように真正面から全身で相手にぶつかるパワーファイター。近年はマスター・ワトのディーバ(?)としても活動。

FINISH HOLD
Anaconda Vice
アナコンダバイス

変形袈裟固め。anacondaは「世界最大のヘビ」、viceには「万力」「力いっぱい締め上げる」という意味がある。アナコンダ・バスターなどの派生技も多い。

Wrestler File **50**

"The Strongest Arm" (剛腕)

Satoshi Kojima

小島 聡

PERSONAL DATA

UNIT	NJPW main unit
HEIGHT	183cm
WEIGHT	108kg
DATE OF BIRTH	Sep.14, 1970
BIRTHPLACE	Tokyo, Japan
DEBUT	Jul.16, 1991

CAREER HIGHLIGHTS

BIOGRAPHY

サラリーマン経験をへて、1991年に入門。IWGPヘビー級王座と全日本プロレスの三冠ヘビー級を同時に戴冠したことのある史上初の四冠王者。2002年に新日本プロレスを退団も、2011年に再入団した。天山広吉とのタッグでIWGPタッグ王座を計6回戴冠。大のパン好きでTwitter上では、Bread Clubとして英語で発信。英語圏のファンも多い。

FINISH HOLD
Lariat
ラリアット

ラリアットの元祖であるスタン・ハンセンから直接指導を受けた必殺技で、丸太のような腕を突き上げるように打ち出す。

Wrestler File **51**

"4th Generation Hero"
（黄金の虎4代目）

Tiger Mask
タイガーマスク

PERSONAL DATA

UNIT	NJPW main unit
HEIGHT	173cm
WEIGHT	85kg
DATE OF BIRTH	Oct.20
BIRTHPLACE	unknown
DEBUT	Jul.15, 1995

CAREER HIGHLIGHTS

BIOGRAPHY

初代タイガーマスクこと佐山聡から直接指導を受けた正真正銘の血統者。みちのくプロレスをへて、2002年に新日本プロレスに移籍。IWGPジュニアヘビー級王座を6度戴冠、『BEST OF THE SUPER Jr.』連覇などジュニアのリビングレジェンド。トーク力にも定評がある。SNSでは「チビ虎」が頻繁に登場するなど子煩悩な一面も。

FINISH HOLD
Tiger Suplex Hold
タイガースープレックスホールド

相手の両腕を固め、そのまま後方に投げるスープレックス。初代タイガーマスクのオリジナル技。

Wrestler File **52**

"Way to the Grand Master"
（ウェイ・トゥ・ザ・グランドマスター）

Master Wato
マスター・ワト

PERSONAL DATA

UNIT	NJPW main unit
HEIGHT	177cm
WEIGHT	87kg
DATE OF BIRTH	Mar.13, 1997
BIRTHPLACE	Osaka, Japan
DEBUT	Jul.11, 2020

BIOGRAPHY

2020年7月3日の後楽園ホール大会にて新日本マットに登場。挨拶中に突如、DOUKIに鉄パイプで襲撃されるも、7月11日大阪城ホール大会で対戦。RPPで下し初勝利を飾った。ソバットや旋風脚などの多彩な蹴りと抜群の身体能力を生かした空中殺法が特徴。「プロレス界のグランドマスター。新日本プロレスの頂点を目指す」と公言。

FINISH HOLD
RPP

コーナートップから前方270度＆横360度回転しながら飛んで、倒れている相手にセントーンする。

"HEAD HUNTER"（ヘッドハンター）

YOSHI-HASHI

YOSHI-HASHI

BIOGRAPHY

アニマル浜口ジムでトレーニングを積んで、入門テストに3度目のチャレンジで合格。2008年、内藤哲也相手にデビュー。1年半に及ぶメキシコ遠征後、ヘビー級に転向しCHAOSに加入。2020年8月NEVER無差別級6人タッグ王座を後藤洋央紀、石井智宏とともに獲得。デビューから12年で初のタイトル戴冠となった。head hunterは「首を狩る者」という意味。

FINISH HOLD
Butterfly Lock
バタフライロック

相手の両腕を締め上げると同時に、首を前方に押しつける複合関節技。蝶野正洋が得意としていた。

PERSONAL DATA

UNIT	CHAOS
HEIGHT	180cm
WEIGHT	102kg
DATE OF BIRTH	May 25, 1982
BIRTHPLACE	Aichi, Japan
DEBUT	Jul.6, 2008

CAREER HIGHLIGHTS

"The Fierce Warrior"（混沌の荒武者）

Hirooki Goto

後藤洋央紀

BIOGRAPHY

同級生の柴田勝頼とともに高校時代はレスリングで活躍。2002年に入門。翌年、田口隆祐戦でデビュー。デビュー当時はジュニアだったが、無期限メキシコ遠征にて肉体改造に成功。2007年に髪と髭を伸ばした現在の荒武者スタイルで凱旋帰国。11月両国大会での棚橋弘至戦はいまだに語り継がれる名勝負。数々のタイトルを獲得するが、IWGPヘビー級王座には8回挑戦するも失敗に終わっている。

FINISH HOLD
GTR

左腕で固定した相手の首筋に右腕を振り下ろすと同時に、自身の右膝に打ち付ける技。派生技も多数ある。

PERSONAL DATA

UNIT	CHAOS
HEIGHT	182cm
WEIGHT	103kg
DATE OF BIRTH	Jun.25, 1979
BIRTHPLACE	Mie, Japan
DEBUT	Jul.6, 2003

CAREER HIGHLIGHTS

Wrestler File **55**

"Production Genius"
（敏腕プロデューサー）

Toru Yano
矢野 通

BIOGRAPHY
日本大学卒業後、2002年に入門。24歳の誕生日がデビュー日。現在は相手をおちょくるコミカルなファイトが中心だが、大学時代には文部大臣杯を獲得したこともあるアマレス屈指の実力者。「KOPW2020」覇者。YouTuber、観光大使、敏腕プロデューサーなど肩書が非常に多い。水道橋でスポーツバー「EBRIETAS」を経営。入場曲の**intoxication**は「酩酊」という意味。

FINISH HOLD
Uragasumi
裏霞

変形の首固め。急所攻撃とセットで繰り出されることが多い。名前の由来は日本酒の銘柄。

PERSONAL DATA
UNIT	CHAOS
HEIGHT	186cm
WEIGHT	115kg
DATE OF BIRTH	May 18, 1978
BIRTHPLACE	Tokyo, Japan
DEBUT	May 18, 2002

CAREER HIGHLIGHTS

Wrestler File **56**

"STONE PITBULL"
（ストーンピットブル）

Tomohiro Ishii
石井智宏

PERSONAL DATA
UNIT	CHAOS
HEIGHT	170cm
WEIGHT	100kg
DATE OF BIRTH	Dec.10, 1975
BIRTHPLACE	Kanagawa, Japan
DEBUT	Nov.2, 1996

CAREER HIGHLIGHTS

BIOGRAPHY
1996年に天龍源一郎が率いるWARに入門。その後フリーをへて、長州力へ弟子入りを直訴。WJプロレスの所属選手に。2006年に新日本プロレスに参戦。ゴツゴツとした直線的な真っ向勝負が基本スタイルだが、バリエーション豊かな切り返しなど、どんな相手とでも名勝負を生み出す引き出しの多さがある。**pit bull**は「中型の闘犬」。

FINISH HOLD
Vertical Brainbuster
垂直落下式
プレーンバスター

垂直に担ぎ上げた相手を脳天からマットへ突き刺す。**vertical**は「垂直」の意味。

Wrestler File **57**

"DIRECT DRIVE"
（ダイレクトドライブ）

YOH

YOH

PERSONAL DATA

UNIT	CHAOS
HEIGHT	171.5cm
WEIGHT	85kg
DATE OF BIRTH	Jun.25, 1988
BIRTHPLACE	Miyagi, Japan
DEBUT	Nov.19, 2012

CAREER HIGHLIGHTS

BIOGRAPHY

プロレス道場に通い、2012年入門テストに合格。メキシコ、アメリカでの海外遠征後、2017年10月両国大会で、ロッキー・ロメロ率いる「ROPPONGI 3K」としてSHOとともに凱旋帰国。以後、IWGPジュニアタッグを5回獲得、『SUPER Jr. TAG LEAGUE』を3連覇するなど活躍も、2021年8月、SHOに突如裏切られ決別。

FINISH HOLD
Direct Drive
ダイレクトドライブ

相手をリバースフルネルソンの状態で持ち上げ、ひねりを加えて頭頂部から突き刺す。2021年4月の復帰戦で初披露。

Wrestler File **58**

"Cold Skull"
（コールド・スカル）

SANADA

SANADA

PERSONAL DATA

UNIT	LOS INGOBERNABLES de JAPON
HEIGHT	182cm
WEIGHT	100kg
DATE OF BIRTH	Jan.28, 1988
BIRTHPLACE	Niigata, Japan
DEBUT	Mar.13, 2007

CAREER HIGHLIGHTS

BIOGRAPHY

2007年、全日本プロレスにてデビュー。WRESTLE-1、TNA、フリーをへて、2016年4月新日本プロレス両国大会に突如として乱入。内藤の勝利をアシストし、L・I・Jへ加入した。ザック・セイバーJr.とのグラウンド中心の戦いは、名勝負数え歌の呼び声も高い。「頭から落とすだけがプロレスじゃねぇんだよ」というコメントを残したことも。**skull**は「頭蓋骨」の意味。

FINISH HOLD
O' Connor Bridge
オコーナーブリッジ

非常に高いフォール率を誇る。昭和の名レスラー、パット・オコーナーの得意技。

Wrestler File **59**

"Jet-Black Death Mask"
(漆黒のデスマスク)

BUSHI

BUSHI

LOS INGOBERNABLES
de JAPON

PERSONAL DATA

UNIT	LOS INGOBERNABLES de JAPON
HEIGHT	172cm
WEIGHT	83kg
DATE OF BIRTH	Apr.5, 1983
BIRTHPLACE	Tokyo, Japan
DEBUT	Mar.2007

CAREER HIGHLIGHTS

BIOGRAPHY

アニマル浜口ジムでトレーニングを積んだ後、全日本プロレスに入門。レンタル移籍をへて、2013年に新日本プロレスへ入団。長期欠場中だった2015年11月後楽園大会に登場し、L・I・Jへ電撃加入。「俺は内藤に付いていくことにした」とコメントを残した。毎試合マスクを変え、マスクの素材も自身でメキシコから買い付けている。東京都葛飾区の唐揚げ専門店「丸武商店」のオーナー。

FINISH HOLD

MX
エムエックス

コーナーからジャンプし相手の頭部を捕獲。そのまま後ろに倒れ込み、両膝で大きな衝撃を与える。

Wrestler File **60**

"Dominator"(ドミネーター)

Great-O-Khan

グレート-O-カーン

BIOGRAPHY

レスリング全日本選手権優勝などの実績を持つ格闘エリート。2018年よりイギリス「RPW」マットに登場。2020年10月両国大会のオカダ・カズチカvsウィル・オスプレイ戦の試合終盤に突如乱入し、UNITED EMPIREへ電撃加入。アニメにも造詣が深くさまざまなイベントに登壇している。ニックネームの**Dominator**は「支配者」の意味。

FINISH HOLD

Eliminator
エリミネーター

アイアンクローで締め上げた後、チョークスラムのように一気に持ち上げ、後頭部を叩きつける荒技。技名を直訳すると「排除」の意味。

PERSONAL DATA

UNIT	UNITED EMPIRE
HEIGHT	188cm
WEIGHT	110kg
DATE OF BIRTH	unknown
BIRTHPLACE	unknown
DEBUT	unknown

Wrestler File **61**

"The King"（プロレス王）

Minoru Suzuki

鈴木みのる

鈴木果

PERSONAL DATA

UNIT	Suzuki gun
HEIGHT	178cm
WEIGHT	102kg
DATE OF BIRTH	Jun.17, 1968
BIRTHPLACE	Kanagawa, Japan
DEBUT	Jun.23, 1988

CAREER HIGHLIGHTS

BIOGRAPHY

1987年3月に新日本プロレスに入門。UWF、藤原組をへて、格闘技団体パンクラスを立ち上げ。2003年、35歳の時にプロレス復帰。参戦する各団体で結果を残し、2010年に新日本プロレス侵略を開始。海外でも評価が高く世界中からオファーが届く。50歳を超えた今も強さを追い求め、第一線で戦い続ける探求者。

FINISH HOLD

Gotch-style Piledriver
ゴッチ式
パイルドライバー

プロレスの神様、カール・ゴッチが使っていた技。相手の股をクラッチするのが特徴。

Wrestler File **62**

"The Holy Emperor"
（愛を捨てた聖帝）

Taichi

タイチ

鈴木果

PERSONAL DATA

UNIT	Suzuki gun
HEIGHT	177cm
WEIGHT	100kg
DATE OF BIRTH	Mar.19, 1980
BIRTHPLACE	Hokkaido, Japan
DEBUT	Dec.2, 2002

CAREER HIGHLIGHTS

BIOGRAPHY

2002年全日本プロレスにてデビュー。2006年、新日本プロレスに参戦。当初はコソコソ立ち回る姑息なスタイルで、会場では「タイチはカエレ！」のコールが定着していた。2018年にヘビー級転向し、ザック・セイバーJr.とのタッグでIWGPヘビータッグを獲得するなど活躍。「一人全日本」とも称されるハードヒットのスタイルが高い支持を集めている。

FINISH HOLD

Black Mephisto
ブラックメフィスト

相手を逆さまに担ぎ、脳天からマットに突き刺す危険技。技名は師匠・川田利明の海外遠征時のリングネームが由来。

Wrestler File **63**

"The Villanous Luchador"
（ならず者ルチャドール）

El Desperado

エル・デスペラード

PERSONAL DATA

UNIT	Suzuki gun
HEIGHT	unknown
WEIGHT	unknown
DATE OF BIRTH	unknown
BIRTHPLACE	unknown
DEBUT	Jan.5, 2014

CAREER HIGHLIGHTS

BIOGRAPHY

経歴不明のマスクマン。2014年1月東京ドーム大会にて、花束を手に初登場。2020年、『BEST OF THE SUPER Jr.27』優勝決定戦での高橋ヒロム戦では、試合終盤自らマスクを脱ぎ捨て戦い続けた。2021年2月、IWGPジュニアヘビー級王座を獲得し、ジュニアタッグと合わせて二冠王となった。

FINISH HOLD
El Pinche Loco
ピンチェ・ロコ

両腕をクラッチしたまま相手を持ち上げ顔面からマットに叩きつける技で、デスマッチファイター葛西純の技にインスピレーションを受けて考案。技名はスペイン語で「クソキチ〇イ」の意味。

Wrestler File **64**

"Heel Master"（ヒールマスター）

Yoshinobu Kanemaru

金丸義信

PERSONAL DATA

UNIT	Suzuki gun
HEIGHT	173cm
WEIGHT	85kg
DATE OF BIRTH	Sep.23, 1976
BIRTHPLACE	Yamanashi, Japan
DEBUT	Jul.6, 1996

CAREER HIGHLIGHTS

BIOGRAPHY

高校時代は野球部に所属し、甲子園出場経験を持つ。全日本プロレスでデビュー後、プロレスリング・ノアへ移籍。団体を代表するジュニア選手として活躍し、2017年より新日本プロレスを主戦場に移す。巧みなインサイドワークで試合を組み立てる実力者で他のレスラーからの評価が非常に高い。IWGPジュニアヘビー級王座を獲得すれば、新日本、全日本、ノアの3団体のジュニア王座制覇となる。

FINISH HOLD
Deep Impact
ディープインパクト

コーナーからの飛びつきDDT。技名の由来は同名タイトルの映画から。

Wrestler File **65**

"Japones Del Mal"
（ハポネス・デル・マル）

DOUKI
DOUKI

鈴木軍

PERSONAL DATA

UNIT	Suzuki gun
HEIGHT	170cm
WEIGHT	85kg
DATE OF BIRTH	Dec.24, 1991
BIRTHPLACE	Yokohama, Kanagawa
DEBUT	2010

BIOGRAPHY
メキシコマットでゼロからキャリアを積んだのち、2019年5月、負傷したエル・デスペラードの代打として『BEST OF THE SUPER Jr.26』へエントリー。荒々しいルードファイトとオリジナルムーブでインパクトを残し、ファンも急増中。タイチ、ミラノコレクションA.T.とはデビュー前から関係がある。

FINISH HOLD
Suplex de la Luna
スープレックス・デ・ラ・ルナ

空中で一度静止して、クラッチを切り替えて後方に反り投げるスープレックス。技名はスペイン語で「月のスープレックス」。

Wrestler File **66**

"King of Darkness"
（キング・オブ・ダークネス）

EVIL
EVIL

BULLET
CLUB

PERSONAL DATA

UNIT	BULLET CLUB
HEIGHT	178cm
WEIGHT	106kg
DATE OF BIRTH	unknown
BIRTHPLACE	unknown
DEBUT	unknown

BIOGRAPHY
2015年10月、内藤哲也が連れてきたパレハ（仲間）として新日本プロレスに登場し、L・I・Jに加入。SANADAとのタッグで結果を残すが、2020年7月、BULLET CLUBへ電撃加入。同月、内藤哲也を下し、IWGPヘビー級・IWGPインターコンチネンタル二冠王者に。試合への介入、反則が多い。**evil**には、「悪」「邪悪」の意味がある。

FINISH HOLD
Darkness Scorpion
ダークネス・スコーピオン

サソリ固め。足首、腰、膝を締め上げる技。技をかけられた相手が、**scorpion**「サソリ」のように見えることが名前の由来。

CAREER HIGHLIGHTS

Wrestler File **67**

"THE SPOILER"（ザ・スポイラー）

Dick Togo
ディック東郷

1991年にユニバーサル・プロレスリングでデビュー。その後30年近く、国内外のさまざまな団体で活躍を続けてきたリビングレジェンド。アメリカ、メキシコのみならず、ヨーロッパ各地、ペルー、アルゼンチンなどの南米でも試合を経験。2020年7月、EVILのパレハとして久々に新日本プロレスマットへ登場。spoilerとは、「楽しみを台無しにする」「ネタバレ」の意味。

FINISH HOLD
Spoilers Choker
スポイラーズ・チョーカー

鉄のワイヤーで相手の首を絞める反則攻撃。従来の必殺技であるダイビング・セントーンは、ここ一番でのみ繰り出す。

PERSONAL DATA

UNIT	BULLET CLUB
HEIGHT	170cm
WEIGHT	90kg
DATE OF BIRTH	Aug.17, 1969
BIRTHPLACE	Akita, Japan
DEBUT	Jun.5, 1991

CAREER HIGHLIGHTS

Wrestler File **68**

"THE TOKYO PIMPS"（ザ・トーキョーピンプス）

Yujiro Takahashi
高橋裕二郎

BIOGRAPHY
元レスリング全日本学生王者。内藤哲也と「NO LIMIT」を結成し、IWGPジュニアタッグ、IWGPタッグを獲得するなどタッグ戦線を中心に活躍するも、2011年に考え方の違いから空中分解。2014年にCHAOSを脱退し、BULLET CLUBへ電撃加入。ここ数年はサポート役に徹することも多かったが、2020年、2021年には『G1 CLMAX』に連続エントリー。

FINISH HOLD
Big Juice
ビッグジュース

変型のピンプジュース。2021年の『G1 CLIMAX』で解禁された新兵器で、飯伏から3カウントを奪った。

PERSONAL DATA

UNIT	BULLET CLUB
HEIGHT	178cm
WEIGHT	95kg
DATE OF BIRTH	Jan.13, 1981
BIRTHPLACE	Niigata, Japan
DEBUT	Jul.26, 2004

CAREER HIGHLIGHTS

"Murder Machine"
（マーダーマシーン）

SHO

SHO

PERSONAL DATA

UNIT	BULLET CLUB
HEIGHT	173cm
WEIGHT	93kg
DATE OF BIRTH	Aug.27, 1989
BIRTHPLACE	Ehime, Japan
DEBUT	Nov.15, 2012

CAREER HIGHLIGHTS

BIOGRAPHY

大学時代にはレスリングで活躍。同期のYOHとは海外遠征でも行動を共にし、凱旋帰国後はタッグを組んでIWGPジュニアタッグを5回獲得した。ボディビル専門誌にも取りあげられる肉体の持ち主。2021年、YOHを裏切りBULLET CLUB入り。EVILらと結託し、ユニット内ユニット、**HOUSE OF TORTURE**（直訳すると「拷問の館」）の始動を宣言。

FINISH HOLD
Snake Bite
スネークバイト

相手の首に左足を押し当て、そのまま両腕で後頭部を引きつける変形の三角締め。BULLET CLUB入り以降に使用。

"BONE SOLDIER"（ボーンソルジャー）

Taiji Ishimori

石森太二

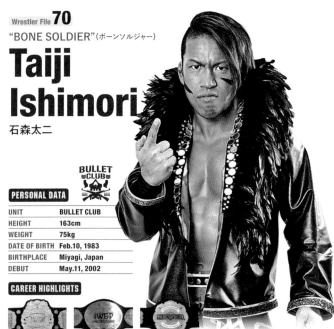

PERSONAL DATA

UNIT	BULLET CLUB
HEIGHT	163cm
WEIGHT	75kg
DATE OF BIRTH	Feb.10, 1983
BIRTHPLACE	Miyagi, Japan
DEBUT	May.11, 2002

CAREER HIGHLIGHTS

BIOGRAPHY

闘龍門に入門し2002年メキシコでデビュー。移籍したプロレスリング・ノアではGHCジュニアヘビー級王座を10回防衛して最多防衛記録を更新する。2018年、NEW BONE SOLDIERとしてBULLET CLUBのメンバーに加入。短期間でIWGPジュニアヘビー級王座を2回、IWGPジュニアタッグ王座を3回戴冠するなどジュニアの中心選手として活躍中。

FINISH HOLD
Bloody Cross
ブラディー・クロス

片ヒザを相手の顔面付近に押しつけながら落下する変形フェイスバスター。BULLET CLUB加入以降使用している。

Wrestler File **71**

"Master Heater"
（マスターヒーター）

Jado

邪道

PERSONAL DATA

UNIT	BULLET CLUB
HEIGHT	178cm
WEIGHT	99kg
DATE OF BIRTH	Sep.28, 1968
BIRTHPLACE	Tokyo, Japan
DEBUT	Mar.19, 1989

CAREER HIGHLIGHTS

BIOGRAPHY

1988年にTPG（たけしプロ
レス軍団）の入団テストに
合格。外道と共にさまざま
なインディーマットを渡り歩
き、2001年より新日本を主
戦場に。30年を超えるキャ
リアのほとんどがヒールと
しての活動である。近年は
竹刀を片手にセコンドでも
暗躍している。**heat**は、「観
客の興奮、罵倒」という意味。
master heaterで「観客をイ
ラっとさせる天才」といった
意味。

FINISH HOLD

Cross Face
of Jado
クロスフェイス・オブ・JADO

うつぶせの相手の腕をロッ
クして極める、腕極め式顔
面締め。

Wrestler File **72**

"The Blacksmith"
（ザ・ブラックスミス）

Gedo

外道

PERSONAL DATA

UNIT	BULLET CLUB
HEIGHT	172cm
WEIGHT	86kg
DATE OF BIRTH	Feb.20, 1969
BIRTHPLACE	Tokyo, Japan
DEBUT	Mar.19, 1989

CAREER HIGHLIGHTS

BIOGRAPHY

キャリア30年のほとんどの
期間を邪道とともに行動。ユ
ニバーサル・プロレスリン
グやWAR、FMWなど、さま
ざまなインディー団体を渡
り歩き、2001年より新日本
プロレスを主戦場に。2012
年以降、オカダ・カズチカの
マネージャーとして活躍も、
2018年にジェイ・ホワイトと
結託してBULLET CLUBへ
電撃加入。ニックネームの
The Blacksmithは「鍛冶屋」
という意味がある。

FINISH HOLD

Gedo Clutch
外道クラッチ

相手をクルリと丸めて、両
足で両肩を押さえ込むオリ
ジナル技。数々の逆転劇を
生む。

Next Generation
未来を背負う次世代のスター

ON EXCURSION（海外遠征中）

Wrestler File **73**

Shota Umino
海野翔太

2017年4月デビュー。実父はレッドシューズ海野レフェリー。2019年11月よりイギリスで修行中。

Wrestler File **74**

Yuya Uemura
上村優也

2018年4月デビュー。オカダ・カズチカ相手に壮行試合を戦った。柴田勝頼への直訴によりLA道場での修行が決定。

Wrestler File **75**

Yota Tsuji
辻 陽太

2018年4月デビュー。内藤哲也を相手に壮行試合を戦った。2021年8月よりイギリスへの海外武者修行が決定。

LA DOJO（LA道場）

Wrestler File **76**

KEVIN KNIGHT
ケビン・ナイト

2020年7月にLA道場入り。クラーク、アレックス、カール、ゲイブに続くLA道場の5人目のヤングライオン。

Wrestler File **77**

GABRIEL KIDD
ゲイブリエル・キッド

インディーマットで王座戴冠歴もあったが、2019年にLA道場入りを志願。2020年1月にデビュー。

Wrestler File **78**

Ren Narita
成田 蓮

2017年7月デビュー。2019年9月のヤングライオン杯終了後、柴田勝頼に対してLA道場での修行を直訴した。

撮影 タイコウクニヨシ

Chapter2

徹底解剖
外国人レスラーの英語

独占インタビュー、記者会見、バックステージコメントを収録。
日本語訳だけでなく、英語のスクリプト、生音声、語注、
用語解説まで、どこよりも詳しく掲載。

[翻訳] 小池水須香 (通訳・翻訳家)

ジェイ・ホワイト

撮影：タイコウクニヨシ

 # Prince Devitt got me into New Japan.

—— I'm sure a lot of people are **curious of** what your introduction to professional wrestling was. What made you decide to be a pro wrestler and what made you (to) decide to be a wrestler in New Japan?

Jay White: I **used to** watch it when it was on TV, back in New Zealand when *"SmackDown"* and stuff was on then. I saw it on TV then, and then I didn't watch it for a few years, and then I **got into** it. And I **kinda** wanted to be a professional wrestler. But there wasn't really a way to do it from New Zealand.

But then eventually, in 2011, I won a trip on the radio, all expenses paid, to go to **WrestleMania in Atlanta**. And I went to that and that kind of **reinspired** me. And then from there, I was looking into training schools over the world. And I could live in England, so I found one in England. Then I moved from New Zealand to England, found a training school, started wrestling there. And then, about a year later, that's where I met **Prince Devitt**. And then he got me into New Japan.

Key Words & Phrases

curious of 正しくは curious about で、「～に関心がある」。　**used to do**（以前は）～したものだった
SmackDown アメリカのプロレス団体WWEが毎週放送しているテレビ番組の1つ。
get into ～にハマる　**kinda** kind of の口語表現。「ちょっと」「何となく」などの意味。
WrestleMania in Atlanta 2011年4月に開催されたWWEレッスルマニア27のこと。

26歳でのIWGPヘビー級王座戴冠、史上初の4大タイトル王座の戴冠、そして"1人で"マディソン・スクエア・ガーデンを完売させるなど、圧倒的な実績を残し続けるジェイ・ホワイト選手。今回は、「レスラーになったきっかけ」から「これから」までを語った貴重なロングインタビューを掲載！

難易度			
	Speed スピード	遅い ■■■■■■■■ 速い	
	Vocabulary 語彙	易しい ■■■■■■ 難しい	
	Point ポイント	スピードが速く抑揚があまりないので、リスニングの難易度は高い。	

Interviewer インタビュアー

Chris Charlton
クリス・チャールトン

プリンス・デヴィットが新日本に紹介してくれた

――多くの人が、あなたとプロレスとの出会いに関心を持っていると思います。プロレスラーになろうと思ったきっかけは？　どうして新日本のレスラーになろうと思ったのですか？

ジェイ：ニュージーランドに住んでいた頃はテレビでプロレスを見ていた。『SmackDown』とか放送していたんだ。その頃はテレビで見ていた。それから何年か見なくなったんだけど、しばらくしてプロレスにハマった。で、プロレスラーになりたいと思うようになった。でもニュージーランドにいると方法がない。

　ところが2011年、ラジオの懸賞で、アトランタで開催されたWrestleMania観戦ツアーの無料招待が当たったんだ。それを観戦したことで、改めてインスピレーションを受け、帰国してから世界中の養成所を探した。イギリスに住んでもいいと思い、イギリスの養成所を見つけて、ニュージーランドから移住し、レスリングを始めた。1年くらいたって、プリンス・デヴィットと出会い、彼が新日本に紹介してくれたんだ。

reinspire ～に再び刺激を与える
Prince Devitt 初代BULLET CLUBリーダー。2014年まで新日本プロレスで活動。

🎧(03) I was always better than him, and always will be.

—— You debuted in the summer of 2015 and **going through** that young lion journey. A big part of that was your connection with David Finlay and Juice Robinson at the time. Did you know that you were gonna **cross paths** with them **further down the line?**

Jay: I didn't really give much, too much time or thought to it more than I needed to. Wasn't trying to **get ahead of** myself and think about if we faced each other **down the track**. I **figured** we would. Everybody, you always cross paths in wrestling anyway. So, and we'd been doing it as, we were doing it already as young boys anyway. So we figured that we'd probably do that at some point down the track. Under what circumstances, we'd have **no idea**. Anyway, we figured our paths would always cross.

—— And that was the start of this long rival history between you and David Finlay. 10 and 2 between you and he?

Jay: I think it's 12 and 2 now.

—— What **was** your interactions with him when you were both in that black-tights era? Did you know, straight from the start, "I'm vastly **superior to** this guy?"

Jay: Um, me and him actually met in England as well before we both came to New Japan. And I think we spoke about the **possibility** that we'd end up here. And then so when he came in, it was good at the time—— we **got along** and stuff.
　But I always knew I was better from them from Day One. And I've **proved** it

---

Key Words & Phrases

go through 〜を経験する　cross paths 道が交わる、偶然に会う
further down the line 将来　get ahead of 〜の先に出る、先走る
down the track 先々、将来　figure 〜だと思う
no idea わからない（→ p.123に掲載）

俺は常にフィンレーより優れていたし、それはこれからも変わらない

——デビューは2015年の夏で、ヤングライオンとして修行がありました。そこでデビッド・フィンレーやジュース・ロビンソンなどとの関係も生まれましたね。いつかは彼らと相まみえることになると思っていましたか？

ジェイ：必要以上に考えて余計な時間を使うようなことはしなかった。将来対戦するかどうかなどと先走って考えないようにしていた。いつかそうなるだろうという予感はあったが、プロレスをやっていれば、誰とでもいずれ必ずまた出会うことになるんだ。俺たちはお互いに若い頃からプロレスをやって来たわけだし、いつかはそういうことになると思っていた。どんな状況かはわからないが、そう、きっと再会するだろうとは思っていた。

——それが長いライバル関係の始まりですよね。デビッド・フィンレーとの対戦成績は10-2？

ジェイ：今のところ12-2かな。

——黒タイツ時代（ヤングライオン時代）はお互いにどんなやりとりをしていましたか？「俺はコイツより優れたレスラーだ」と最初から思っていましたか？

ジェイ：実は、彼と初めて会ったのはイギリスで、お互い新日本に入門する前だ。そこで、いつかはここ（新日本）にたどり着く可能性について話をしたと思う。だからフィンレーが入門した当初は仲良くやっていていい感じだった。

　だが、出会ったその日から俺の方が優れていると確信していた。そして2人

---

was 正しくは were　superior to 〜より優れている
possibility 可能性　get along 仲良くなる、うまく付き合う
prove 〜を証明する（→p.124に掲載）

every time that we got in the ring. But the overall record shows that I was obviously right in my thinking that I was always better than him, and always will be.

Against Kenny Omega

—— Just before you left for **excursion** you had a match with **Kenny Omega**. Did you sort of **realise** how momentous that match would be?

Jay: No. Well, it was momentous in the fact that I think he was a **double champion** at the time. I think he had intercontinental, so he might have been one of the six-man tag champs, so I wasn't thinking about who we were gonna be in the future. It was just more about I was a young lion having an opportunity **against** one of the top champions at that time. So there wasn't any more kind of deep thought into it, to get too ahead of myself. That's when you can make mistakes. Um, obviously, there was plenty of those that happened in the young lion through the young lion journey. But, no, it wasn't really something I thought about too much.

I figured, I knew that as long as, if he was to stay towards the top, again, just like with David, we figured our paths would cross. That's always gonna happen, everybody. But did I know that it was gonna turn out how it did, with what some people say, I don't know, not really a rivalry —— I guess, but people talk about the stuff between us? Did I know that was gonna be the case? No, not at all.

I realise it's a waste of energy to put so much time into caring about what fans think.

—— Just before you left on excursion in the summer of 2016. It was right

Key Words & Phrases

excursion 遠征 (→ p.128に掲載)
Kenny Omega 元BULLET CLUBリーダー。2021年5月放送のテレビ朝日「新日ちゃん。」での「ファンが選ぶ!新日本プロレス"スゴい"外国人レスラーBEST20」では見事1位に輝いた。
realise ～に気が付く。アメリカ英語では、realizeとなる。

でリングに上がるたびにそれを証明し続けた。これまでの対戦成績を見れば一目瞭然、俺は正しかった。俺は常にフィンレーより優れていたし、それはこれからも変わらない。

ケニー・オメガとの対戦

──海外武者修行直前にケニー・オメガと対戦しました。この対戦がこれだけ重大な意味のあるものになると予想できましたか？

ジェイ：いや、思っていなかった。まあ、ケニーが当時二冠王者だったという点では重大だった。インターコンチネンタルも保持していたし。6人タッグのベルトも持っていたかも。だから、俺たちが将来どうなるかまでは考えてはいなかった。ただ、ヤングライオンだった俺が当時の団体トップと対戦するチャンスをもらったという話で、それ以上深く考えたり先読みしたりはしなかった。そういう時は勘違いしやすいものだ。ヤングライオンでの修行時代にはそういう勘違いをしたこともあった。しかし、この対戦についてはそんな考えはあまりなかった。

　ケニーが（新日本に）残ってトップ戦線にいたならば、デビッド（・フィンレー）みたいにどこかのタイミングで交わることがあったかもしれない。それは起こり得ることだ、誰であろうと。だが、人々が言うようなライバル関係ではないにしろ──よく知らないがあれこれ言われているんだろう？──こうなることをわかっていたかというと、全くわかっていなかった。

ファンに気を使うのはエネルギーの無駄使いだと気づいた

──2016年夏から海外武者修行に出ました。その直前の大阪城ホール大会では

double champion 二冠王者
against 対する、〜と対戦して（→p.119に掲載）

before the Osaka-Jo Hall show, you had the dark match and then you addressed the fans in Japanese. And ...

Jay: Mm-hm.

―― ...it got very big reception. But now your relationship with the fans is very different. How did you feel making that address to the crowd back in 2016? And how has your relationship with the audience changed?

Jay: At the time, I felt good and proud and all those usual things. But **looking back**, I just realise how **silly** and **naive** and **stupid** and young I really was. The way the relationship's changed is that, you know, that's a good example. **It doesn't matter**, it doesn't matter what I do, what I say, what language I speak. I'm not from Japan, so the fans are never gonna **appreciate** me the same. So, I realise that. I realise it's **a waste of energy** for me to put more, so much time into caring about what they think. And that's what I've **modeled** my career off since returning and it's obviously **worked out** very well for me.

🎧 06 Tanahashi was always the obvious one to go after.

―― You returned in November 2017, immediately when after Hiroshi Tanahashi ―― and there's been impactful returns over the years. Was there a lot of thought going into how you wanted to return, who you wanted to go after?

Jay: Yeah, he was always the **obvious** one to **go after**, which I know I would've mentioned at the time that my reasons for going after him was 'cause of who he was, and say that the way to come back and **make the biggest statement** is to go after possibly the biggest name in New Japan Pro Wrestling history up to that point―― until I returned, obviously. So, yeah, he was always the obvious one.

Key Words & Phrases

look back 振り返る　silly 愚かな
naive 純粋な、世間知らずの　stupid バカな（→ p.125に掲載）
It doesn't matter 重要ではない、どうでもいい　appreciate 〜を評価する
a waste of 〜の無駄

ダークマッチが組まれていて、日本語でファンにマイクアピールする場面もありましたね。それは……

ジェイ：ああ。

——……ファンからも暖かく受け入れられていました。しかし、今のあなたとファンの関係性は真逆ですよね。あの2016年のマイクアピールをしたとき、どんな気持ちでしたか？　そしてファンとの関係性はどう変化したのでしょう？

ジェイ：当時はああいうことに気分を良くして、誇りにさえ思っていた。だが今思うと、当時の俺がどれだけ愚かで世間知らずでバカで青臭かったかわかるよ。（日本人ファンとの）関係性の変化はいい例だ。俺が何をしようが、何語をしゃべろうが関係ない。俺は日本人じゃないから、俺をファンは（日本人プロレスラーと）同等に評価してくれない。あいつら（日本のファン）に気を使うのはエネルギーの無駄使いだとわかった。だから俺は復帰後にやり方を変えた。俺の場合、それで明らかに上手くいっているんだ。

棚橋は狙うべき存在だった

——2017年の11月に日本に戻ってきました、棚橋の（防衛）直後に。この数年の間にインパクトのあるカムバックがいくつもありましたが、復帰に際して、どんな方法で戻ろうか、誰を狙うかなどたくさんの思いを巡らせていましたか？

ジェイ：そうだね、あいつを狙うべきなのは前々から明らかだった。そのことはあの時にも言ったはずだが、あいつの存在そのものが狙うべき理由だった。だから言ったんだ、カムバックする（日本に戻る）にあたって一番効果的に自己主張する方法は、新日本プロレス史上一番の―俺が戻る前までだが―大物を狙うことだと。だから、そう、棚橋なのは明らかだった。

---

energy エネルギー（→ p.120に掲載）　model ～を形作る
work out 上手くいく　obvious 明らかな
go after ～を追い求める、～を追いかける
make a statement 主張をする（→ p.131に掲載）

——And that, I mean, beyond that rocky start at Wrestle Kingdom that year, it's gone on to you being almost as dominant over Hiroshi Tanahashi as you were over David Finlay. Um ...

Jay: Yeah.

—— Did you always have that confidence of, "I'm better than not just than my peers, my contemporaries but I'm better than anybody that's come before me"?

Jay: Yeah, you have to have that. And I've always had that **mindset** and say that I believe I better or if I'm not, then I know that I will be and it's just a matter of time. So, I've just gotta go through those minor **road bumps**. That's a, maybe a loss or two. But I learn quicker and more than anybody else. So, I **get better** than any quicker than everybody else, basically. So, I know it's just a matter of time before, I'm better than them all.

(07) I went to CHAOS and bided my time until I made the most impactful moment in all of pro-wrestling history.

—— You were invited to join BULLET CLUB by Kenny. Rejected that, joined CHAOS. Obviously, you went there to **stir** things **up** and you did that. But was there ever a thought of wanting to just **stick out** completely on your own?

Jay: Well, yeah, that's kinda how it worked out. It's not that I wanted to stick out by myself. You need to have people to have your back in New Japan. That's just how it is.

And so, I wasn't gonna run around and **follow** Kenny, and especially when he was just asking me to join because he was **threatened** by me and he

Key Words & Phrases

mindset 考え方
road bump 道路のでこぼこ、進む上での（ささいな）障害
get better 良い方向に向かう（→ p.121に掲載）
stir ～ up ～をかき回す、(騒動)を巻き起こす

——その翌年のWRESTLE KINGDOMでの（棚橋戦の）黒星スタートを乗り越えデビッド・フィンレーだけでなく、棚橋に対しても優勢になっていきましたね。

ジェイ：そうだね。

——「自分は同時代の人間だけでなく、歴代の誰よりも強い」という自信はずっと前からありましたか？

ジェイ：ああ、その自信は必要なものだ。俺は常に自分が誰よりも優れているという考えで口にも出して来た。もしその時点ではかなわなくても、そうなるのは時間の問題だと信じていた。だから、いくつかのささいな起伏を経験する必要もあった。それが、黒星の1つや2つかな。しかし、俺は誰よりも早くたくさん物事を学び取る。ということは、誰よりも強くなるのが早いということだ。だから、俺が誰よりも優れたプロレスラーになるのは時間の問題だと昔から思っていた。

ケイオスに入って、プロレス史に残るような
インパクトが残せるタイミングを待った

——あなたはケニーからバレットクラブへの勧誘を受けたが断ってケイオスに入りました。あなたのケイオス加入でいろいろなことが大きく動きました。ユニットに入らず1人を貫くという考えが浮かんだことはありますか？

ジェイ：そうだな、結果的にそうなった。俺は1人を続けたかったわけではない。新日本では誰かに支えてもらわないといけない。そういうものなんだ。
　でもケニーの尻を追いかけたくなかった。それに、ケニーが俺を誘ったのは、俺に脅威を感じたからだ。だから自分のそばに俺を置いておきたかったんだろう。俺はそれを見抜いていたが、ただ後ろを付いて行く気になれなかった。だから

stick out 最後まで続ける
follow 〜の後について行く
threaten 〜を脅かす

wanted to keep me close. So I saw straight through that. But I wasn't just gonna go in and follow him. So that's why I went to CHAOS and **bided my time** until I made the most impactful moment in all of pro-wrestling history.

—— And when you made that leap to BULLET CLUB, along with Jado and Gedo... and Gedo being right by your side ever since—— were you two talking ever since you came into CHAOS? Or was that something that came together right before you jumped ship from CHAOS?

Jay: I'm not really at liberty to talk about that type of stuff. Those things like that, fans don't deserve to know all those little **juicy details**——especially 'cause those are the things that they want the most. And so that's why I'm happily gonna **withhold** those details.

🎧 08 It doesn't matter how big the stadium is, the ring's always the same size.

—— Watching American pro wrestling and being sort of inspired to start by being in America, what was that experience like to walk out in front of a sold -out **Madison Square Garden**, in April 2019?

Jay: It really doesn't mean as much to me as most people always think it'd do. I didn't grow up in America, so Madison Square Garden never had any sort of special meaning to me or any sentimental value like a lot of U.S. residents do, seeing as they grew up watching big events there. To me, it's nothing. I've been in the **Tokyo Dome**, which is a bigger arena. So, it wasn't anything extra special to me like that. But I just like to talk about it, seeing as I know it's important to everybody else, and then, they hate that I single-handedly sold it out by myself.

Key Words & Phrases

bide one's time 時機を待つ　juicy details 興味深い詳細
withhold ～を差し控える
Madison Square Garden アメリカ・ニューヨークにある世界的なスポーツ、エンターテインメントの殿堂。通称MSG。
2019年4月日本のプロレス団体として初めて新日本プロレスが興行を開催し、歴史的な成功を収めた。

ケイオスに入って、プロレス史に残るようなインパクトが残せるタイミングを
待ったんだ。

——それから邪道、外道と共にバレットクラブに移り、以来、外道は常にあなた
のそばにいますが、外道とはケイオスの頃からいろいろ話し合う仲だったのです
か？　それともケイオスから抜けると決まった時からの関係性ですか？

ジェイ：そういうことはここで話せない。内情のような際どい話はファンが知
るべきではない。特に、こういう話は知りたがっている人が多い。だから、ここ
で詳細を話すことは差し控える。

会場の規模は違っても、リングのサイズが変わる事はない

——アメリカのプロレスを見て、アメリカでレスラーになる決心をしたそうですが、
2019年4月にマディソン・スクエア・ガーデンで満員の観客の前に出ていって
試合をした経験はいかがでしたか？

ジェイ：人が想像するほどの意味深さは感じなかった。俺はアメリカ育ちじゃ
ないから、マディソン・スクエア・ガーデンには特別な思いも感慨深さもなか
った。アメリカに住んでいるヤツらがそうなる（感慨を抱く）のはあそこで行わ
れる大イベントを見て育つからだ。俺にとっては何でもない。東京ドームでも
試合をしたが、規模で言えばドームの方が大きいだろう。俺にとっては特別な
意味を持つ場所ではなかった。ただ、他のヤツらにとって大事な会場だという
のはわかるから話にはよく出す。俺1人の力であの会場を完売にしたのが気に
入らないヤツも多いしな。

Tokyo Dome 英語ではEggshellsと呼ばれることも。新日本プロレスでは1992年から毎年興行を行っている。

—— Is there any **venue**, any stage that is **intimidating** to you?

Jay: Not really. No, once, once I've done to a certain level or size, I **get past** those nerves pretty quickly. I got past them a long time ago, because the really, only thing that matters is that, that ring. It doesn't matter how big the stadium is, the ring's always the same size. There's always four sides of ropes, and that's all that matters. I can **drown out** all the other white noise and, and **bullshit** basically, and I can just **focus on** what's happening in that ring.

(09) It would be absolutely idiotic of me to not try and pick his brain.

—— You've gone from you've wrestled in front of 40,000 plus and you've wrestled in front of no people in NJPW STRONG during the pandemic. Does that at all affect how you approach a match or how you approach your opponent?

Jay: There is gonna be different things because I always **capitalise on** my opponent making mistakes. And they often make mistakes by paying too much attention to the crowd rather than myself. So there's gonna be different chances and **opportunities** in matches for me whether there's fans or not. So that always plays a little bit of preparation. But I'm always prepared and that's why I was, why I'm always one step ahead.

—— I guess Gedo always being by your side, at least in Japan, obviously you don't need Gedo to win your matches for you. How much has he affected your career? Obviously, being a **veteran**, having that wealth of experience and advice to draw on, how much do you do talk about things like that tactically?

Key Words & Phrases

venue 会場（→ p.6-7に掲載） intimidating 圧倒する
get past 〜を乗り越える drown out 〜をかき消す、消し去る
bullshit くだらないこと。直訳すると「牛のふん」。
focus on 〜に集中する（→ p.121に掲載）

──これまでに圧倒された会場はありますか？

ジェイ：特にない。ないね、ある程度のレベルやサイズの場所を経験すると、そういう緊張みたいなものは早々に克服される。随分前に克服したよ。なぜなら、本当の意味で肝心なのはリングだから。会場の規模は違っても、リングのサイズが変わる事はない。四方にロープが張り巡らされたリング、大事なのはそれだけ。あらゆる雑音やたわごとをすべて閉め出して、リングの中で起こっていることだけに集中すればいいんだ。

外道の頭脳を借りないなんてバカげている

──４万人以上の観客の前で試合をしていたあなたが、パンデミック中の『NJPW STRONG』では無観客で試合を行いました。このことであなたの試合や対戦相手に対するアプローチに変化はありましたか？

ジェイ：状況は確かに変わってくる。俺はいつも相手のミスを見逃さず、そのミスを利用するんだ。ヤツらは（対戦相手である）俺ではなく観客に意識を向け過ぎるというミスを犯すことがたびたびある。だからファンの有無で俺にとってのチャンスや好機が変わってくる。となると、多少の準備は常に必要だが、俺はいつでも準備を万全にしている。だから常に誰よりも一歩前を走っていられるんだ。

──特に日本ではほとんどの場面で外道があなたのそばにいますが、彼がいなくともあなたは勝つことができるのではありませんか？　外道はあなたにとってどんな存在ですか？　経験豊富でアドバイスのできるベテランですが、戦略なども話しますか？

---

capitalise on　〜を十分に利用する。アメリカ英語では、capitalize
opportunity 機会（→p.123に掲載）　veteran ベテラン（→p.118に掲載）

Jay: We do all the time. Like you said, he's got so much experience. So, of course, we **go over** that. It would be **absolutely idiotic** of me to not try and pick his brain. Um, the reason why he sticks with me is that he realises that I **pick up on** those things myself and I'm always adapting at such an alarming rate. He realises just how **valuable** and how good I am. Um, but, yeah, we're always talking about that. That's why we're better than everybody.

—— What's that experience been like over the last two years?

Jay: You just react to and you just **deal with the cards that we're dealt**. It's the same for everybody and we pride ourselves on being on a higher level than everybody else. So, if it's a **struggle** for you guys, it's not a struggle for us.

⑩ I love being the NEVER Champion, because it's the opposite of what everybody wants to see as a NEVER Champion.

—— You turn the page into wanting that Grand Slam, becoming the first wrestler to hold those four titles: NEVER, U.S., IC, Heavyweight. It's interesting you talked a lot at the time about legacy, about history, and that surprised me. How did you spend a lot of time this year reflecting on history and legacy especially with the IWGP World Heavyweight Championship evolved?

Jay: Yeah, and you're asking for **intimate** and personal thoughts that I'm not gonna be giving out to anybody close to me, let alone any of you guys, or for any fans out there to read. I think about what I need to think about, and then I make decisions based on those thoughts. Um, I don't get too ahead of myself and I don't **dwell on** the past too much. I know what I need to do in the moment. And I plan for the future accordingly.

Key Words & Phrases

go over ～を検証する　absolutely 完全に
idiotic ばかばかしい　pick up on ～を理解する
valuable 貴重な
deal with the cards that one is dealt 配られたカードでうまく対処する、与えられた状況でなんとかやってみる

ジェイ：常に話している。質問にもあったが、外道は経験豊富だから彼の経験から学ぶこともする。彼の頭脳を借りない手はない。外道が俺と行動を共にしているのも、俺がそういったことを理解し吸収するとわかってのことだ。俺は常に驚異的スピードで適応しているが、彼は俺の能力や価値を理解している。とにかく、うん、俺たちは常に話し合っている、だからこそ俺たちは誰よりも優れているんだ。

——ここ2年間（コロナ禍中）の経験はどのようなものでしたか？

ジェイ：臨機応変に状況を見極めてやるべきことをやるだけ。大変なのはみんな同じだが、俺たちは誰よりも高いレベルでやっているという自負がある。お前らにとっての苦難なんて俺たちにとってはどうってことない。

人々が思い描くNEVER王者の姿と俺は対極だから、NEVER王者という立場は悪くない。

——そしてあなたはグランドスラム、新日本では史上初となる4つのシングル王座（NEVER, US, インターコンチネンタル、ヘビー級）を獲得し新たなページを開きました。あの時、あなたがレガシーや歴史について話しているのを見て驚きました。今年、レガシーや歴史を振り返るのにどのように時間を使いましたか？　特にIWGP世界ヘビー級ベルトの影響でしょうか？

ジェイ：うん、君の質問はとても私的で近しい人にも話さない個人的な考えに関することだから、君たちにもファンにも読ませるつもりは毛頭ない。俺は考える必要のあることを考える。何か決断する時にはその考えを元に決めている。焦って先走る事も、過去にこだわり過ぎることもない。今この時にするべきことはわかっている。将来についてもそれらの思考に従って計画を立てている。

---

struggle 奮闘（→p.137に掲載）　intimate 親密な
dwell on　〜をくよくよ考える

—— **Fair enough**. And being the NEVER Openweight Champion, does that have a specific meaning to you? So, a lot of wrestlers, kind of this championship means this thing, this championship means another thing. Er ...

Jay: Yeah, this one to me, I know what it means to most fans and I know to most wrestlers. It's about pride and just standing there and **slugging it out** and seeing who's the toughest and who's the baddest. It's not really about **finesse**, they just want to stand there and see a fight. So that's why I love being the NEVER Champion —— it's because I'm the NEVER Champion in spite of all the, I pride myself on the opposite of all of that.

I'm not gonna just stand there and take unnecessary **shots** to the head. That's the stupidest shit. That's why these guys get so **loopy** and they can't last, and it's so easy for me to pick them off —— guys like Ishii. Those guys that can barely even think. Guys like Goto. You know, the, these guys wanna stand there and, and **trade shots**. No. I'm gonna, I'm gonna **duck** and I'm gonna put you on your head and then I'm gonna put you to sleep.

I love being the NEVER Champion because it's the opposite of what everybody wants to see as a NEVER Champion, and that's me. And it obviously made it sweeter that I took it from Tanahashi.

🎧11 There are always more belts that I could add to my collection.

—— You've said that every sort of environment is the same to you. But was there something about that main event in the Tokyo Dome that was a little bit different?

Jay: No, no. You just answered your own question there. And the question you just asked me that, you just mentioned how I said before it's all the same to me. That's because it is. It doesn't matter. At the Tokyo Dome, that wrestling

Key Words & Phrases

fair enough 同意である
slug it out とことん戦い抜く
finesse 技の巧みさ
shot 攻撃 (→ p.133に掲載)

——なるほど。ではNEVER無差別級チャンピオンについては、特別な思いを抱いていますか？　プロレスラーによっては、この王座にはこういう思い入れ、別の王座にはまた別の思い、という人も多いでしょうが。

ジェイ：うん、俺にとってこれは—このベルトが多くのファンにとってどんな意味があるかは理解している。レスラーにとってはプライドそのもので、とにかくその場でとことん殴り合って誰が最強で最狂かを決めたいんだろう。技巧なんてそっちのけ、ただの殴り合いを見たがっているんだ。あいつらとは真逆のプライドを持つ俺が、NEVERのチャンピオンであるというのは最高じゃないか。
　俺はボーッと突っ立て不必要に頭を殴られたりしない。そんなのは愚行中の愚行だ。そんな事をしているからあいつらは頭がおかしくなってすぐやられるんだ。石井みたいなヤツらを片付けるのは簡単なんだ。考える頭もないからな。後藤も同じだ。ヤツらは俺と打ち合いたいのだろうが、そうはならない。俺は（ヤツらの攻撃を）かわし、頭上に持ち上げ、マットで眠らせてやる。
　NEVER王者という立場は悪くない。なぜなら、人々が思い描くNEVER王者の姿と対極なのが俺だから。そして、このベルトを棚橋から奪ったというのがさらにいい気分にしてくれる。

コレクションに加えたいベルトは常にある

——どんな環境でも自分にとっては同じだとおっしゃいましたが、今年1月の東京ドームのメインイベントでは少しでも違う思いはありましたか？

ジェイ：いやいや、自分でもう質問に答えているじゃないか。そして君が言ったように、俺の答えは前の質問と変わらない。どこの会場でも同じだ。同じだから同じなんだ。関係ないんだよ。東京ドームのリングも後楽園ホールのリン

---

loopy 頭がおかしい
trade shots 打撃合戦
duck かがむ、かわす

ring's the same as the, as the wrestling ring at **Korakuen Hall**. It's all the same. If there's one guy in there, it's just the same as one guy at Korakuen Hall. Yeah, just because I lost, you talk about **added** pressure, added weight. You're talking about that——there was never any added pressure or weight to me. I knew what was **at stake**. I didn't add any extra unnecessary pressure or weight to any of that. I didn't need to. It was a bigger stage than anybody else could even **dream of** being on. And that's what's normal for me.

—— There were some very different comments from you after that main event. And then a lot of **speculation** that went on over the next few weeks before you came back into the ring.

Jay: There was never any speculation really that got through to me. I don't pay attention to that. If that's what you guys wanna speculate and talk about, then, of course. And it **makes sense** —— I know people obviously wanna get in my business and talk about me but ... I left, and then when I decided I needed to, I came back and I went after who I needed to go after to, to right things —— to get myself back on track. It's as simple as that. I wasn't sitting there in my head for weeks trying to make a decision. No. It was very simple decisions for me.

—— You've main evented at Madison Square Garden, you've main evented at the Tokyo Dome, you've been this **quadruple-crown champion**. So, what's on the list for you?

Jay: There **is** always more belts that I could add to my collection. Maybe I'll just **grab** them all and then once I have them all, there will literally be nothing else for me to do then. So maybe I'll just keep collecting belts and championships and adding them to my list of **accomplishments**.

グも変わりはない。どこも同じだ。リングで俺の前に相手がいる。それは後楽園ホールでも同じ。うん、君としては俺が負けた場所だから、そうやってプレッシャーが、重圧が増すとか言いたいんだろうが。プレッシャーや重圧が増すことはない。大事なことさえわかっていれば。必要もない余計なプレッシャーや重圧など加えはしなかった。必要ないからな。他の誰もが夢見るような大舞台であっても、俺にとってはそれが普通なんだ。

――あの時のメインイベント後にいつもと違ったコメントがあったので、あなたが次に新日本のリングに上がるまでの数週間はさまざまな臆測が流れました。

ジェイ：その臆測とやらは俺の耳には入らなかったから気にもしなかった。臆測でうわさ話をしたいのならすればいい。俺のやる事にいちいち口を出したがるヤツはいるから、わからなくもない。しかし、俺は新日本から離れた。そして、そうすべきと判断してカムバックするにあたって、再び軌道に乗るために狙うべき相手を狙い、正しい目標を狙った。単純なものだ。何週間も考えあぐねて出した結論ではない。俺にとっては至ってシンプルな決断だった。

――マディソン・スクエア・ガーデンでメインを張り、東京ドームでメインを張り、四冠王者となった今、あなたのやることリストには何がありますか？

ジェイ：コレクションに加えたいベルトは常にある。その全てを集めるのも悪くない。そうすれば、文字通りやることは何もなくなる。ベルトや王座を取り続けて、自分の功績リストに足して行くとしようか。

quadruple-crown champion 四冠王者
is 正しくは are　grab 〜をつかみ取る
accomplishment 偉業

Will Ospreay
ウィル・オスプレイ

 12 The legacy has gone.

All right, the first point being, a lot of fans have been asking me about, "Will I put in a request to **separate the World Heavyweight Championship** to **thus forth bring back the Intercontinental and Heavyweight Championship**?" And my answer to that is quite simply, "No." I do not wish to bring back the Intercontinental Championship or the Heavyweight Championship.

The **legacy** has gone. I don't **care about** the history of it. It is time to move on. This is a **brand-new** generation. The office stands by it; thus, I stand by it. And it is not about the championship itself; the man makes the championship. And I plan on making this the most important championship in the world.

13 What does the UNITED EMPIRE stand for?

Second point I'd like to **bring up** is, what does the **UNITED EMPIRE stand for**, and what are the **limitations** for the UNITED EMPIRE? And the UNITED EMPIRE was mainly built upon trust and loyalty to the things that we'd love. And it is New Japan Pro-Wrestling, and I don't think you'll find a **harder-working**

Key Words & Phrases

separate ～を分ける、ばらばらにする　the World Heavyweight Championship IWGP世界ヘビー級王座（→ p.12 に掲載）　thus forth 古い表現で現代ではあまり使われない。　bring back 戻す、復活させる
the Intercontinental and Heavyweight Championship IWGPインターコンチネンタル王座とIWGPヘビー級王座（→ p.12に掲載）

Background to the Press Conference　　会見の背景

2021年4月5日新日本プロレス『SAKURA GENESIS 2021』一夜明け会見が行われ、激闘の末、王者・飯伏幸太を破り、第2代IWGP世界ヘビー級王者となったウィル・オスプレイが出席した。会見の中で、オスプレイは新王者として6つの提言を行った。

難易度	**Speed** スピード	遅い ▮▮▮▮▮▮▢▢ 速い	
	Vocabulary 語彙	易しい ▮▮▮▮▮▢▢▢ 難しい	
	Point ポイント	聞き手に配慮し、抑揚があって聞き取りやすい。初心者におすすめ。	

Video 動画

新日本プロレス
ワールドで公開中
（5:47～）

レガシーは過去のものに

　まず初めに、たくさんのファンから質問されていたことに答えたい。「IWGP世界ヘビー級のベルトをインターコンチネンタルとIWGPヘビー級に今一度分けたいか？」俺の答えは至って単純、「NO」だ。インターコンチネンタル王座とヘビー級王座の再来は望まない。

　レガシーは過去のものになった。その歴史にも興味がない。前を見て進む時が来た。新しい世代が始まったのだ。新日本がそう決めたのだから俺も支持する。ベルトの価値を決めるのはベルトそのものではなく、保持している選手だ。俺は、このベルトを世界で最も価値のあるものにしたいと思っている。

UNITED EMPIREの存在意義とは？

　二つ目に話したいのは、UNITED EMPIREの存在意義、そして我々が目指す果てが何なのか。UNITED EMPIREは我々が愛してきたものへの信頼と忠誠心の上に築かれた。つまり新日本プロレスだ。そしてこの俺、ジェフ・コブ、アーロン・ヘナーレ、そしてグレート-O-カーン、この4人以上に尽力している4

---

legacy 遺産、伝来のもの　care about ～を気にする　brand-new 真新しい、新品の　bring up（話題を）提示する
UNITED EMPIRE ウィル・オスプレイ、グレート-O-カーン、ジェフ・コブ、アーロン・ヘナーレで構成されるユニット。
ヒールであるものの、試合介入などの反則はしない。　stand for ～を象徴する
limitation 極限。ここでは「どこまで行けるか」の展望のこと。　hardworking 尽力する

group of four men than myself, Jeff Cobb, Aaron Henare, and the Great-O-Khan. All four of us **bent over backwards** for **you guys** and me, especially I moved my entire life from England.

And I know it's a very common thing these days. I see a lot of guys from Australia and England or Ireland or any **English-speaking companies** ⸺ sorry, my bad, ugh ⸺ from English-speaking companies that moved their entire life over to create more of an environment and more money for themselves and fair play to 'em, but the difference between them is they've just moved from an English-speaking company to another English-speaking company. I can barely speak English, and I've moved **my arse** to Japan. And I've bent over backwards for this company to get very little **respect**. But I'm very thankful that I don't need to **rely on** fans' **support** anymore.

The only thing that I need to rely on is what happens the moment the bell rings. And the moment the bell rings, there is nobody better than me. There is no one better than Jeff Cobb, there is no one better than the Great-O-Khan, and there is no one better than Aaron Henare. We have four men that have done a lot for New Japan Pro-Wrestling.

And we refuse to **sacrifice** any more of our morals. And it's time to take our place at the top of the mountain in New Japan Pro-Wrestling. And, we haven't even been established for a year yet and already I am holding the main championship in New Japan Pro-Wrestling. It's only gonna keep getting more and more.

14 I would like to make a UNITED EMPIRE Joshi edition branch.

Now, limitation-wise there are a lot of things that I would like to do with the UNITED EMPIRE, especially when it comes to **expansion**. There are more guys that I would like to **bring in**, but there is something that I generally would like to do, and when I moved to Japan, I developed a wonderful relationship

Key Words & Phrases

bend over backwards 全力を尽くす。直訳すると体を後ろに曲げる。
you guys お前たち（→p.125に掲載）　'em them のこと
English-speaking companies countries を companies と言い間違えたので直後に sorry と謝っている。
my arse 直訳すると「私のお尻」だが、myself「自分自身」の意味で使われることも。アメリカ英語では、my ass。

人組はいないだろう。俺たち4人は団体のために全力を尽くして来た。特に俺は、生活の全てをイギリスから日本に移した。

　最近では特別なことではなくなっているのは承知だ。オーストラリアやイングランド、アイルランドなど英語圏——おっと失礼——からたくさんの選手が来日している。英語圏から生活を移して、より良い環境、自分自身のために高額なギャラ、そしてフェアプレーを生み出そうとしている。しかし違うのは、彼らは英語圏の団体からもう一つの英語圏の団体へと流れているだけ。俺は英語だってやっと話せる程度なのに、日本に移住した。そしてこの国のために全力を尽くしている、ろくに敬意は払われていないが。まあ、ファンの応援を当てにする必要がなくなったのはありがたい。

　俺の支えになるのはゴングが鳴る瞬間に起こること、それだけだ。ゴングが鳴った瞬間、そこに俺より強いヤツは存在しない。ジェフ・コブより強いヤツも、グレート-O-カーンより強いヤツも、アーロン・ヘナーレより強いヤツも存在しない。俺たちは新日本プロレスに大いに貢献してきた4人なんだ。

　もうこれ以上、団体に遠慮するのはお断りだ。ここらで新日本プロレスの頂点を目指す。まだ結成から一年足らずのユニットだが、既に新日本プロレス最高のベルトは俺が持っている。今後も良くなる予感しかない。

UNITED EMPIRE女子版を作りたい

　そして、展望に関して言えば、UNITED EMPIREとしてやりたいことはたくさんある。ユニット拡大もそのひとつで、メンバーとして加入してほしい男たちもたくさんいる。が、もっと手を広げたいんだ。スターダムとは日本に移住してから友好的な関係を築いていて、元チャンピオンだった星輝ありさとトレ

---

respect リスペクト（→p.124に掲載）　rely on ～に頼る（→p.124に掲載）
support サポート（→p.135に掲載）　sacrifice ～を犠牲にする
expansion 拡大　bring in ～を取り込む

with Stardom Pro-Wrestling. I made a wonderful relationship, was training one of their champions at the time, Hoshiki Arisa. I'm a great friend of hers and a great friend of all the **roster** of those girls.

So, if there is something that I would like to do, and it was only an idea that I would like to make a UNITED EMPIRE Joshi edition and hopefully bring more of a spotlight to women's wrestling as well. 'Cause I do believe the Stardom roster has the greatest women's wrestlers of all time, and they do **deserve** a spotlight. And I think I am **definitely** the guy to help those girls out.

🎧15 The IWGP British Heavyweight Championship

The next thing I would like to bring up is the **British Heavyweight Championship**. Now, due to the circumstances, of course, of what is going on in the world right now, I cannot go back to England to **defend** my British Heavyweight Championship. And it's a shame, you know, and I'm, I would look forward to defending my British Heavyweight Championship but it's just the fact is, it is what it is. I can't go over to England right now, and there are no **challengers** for me.

So **Andy** will have to just settle with the Southside Heavyweight Championship. But if there was anything that I could do to suggest, I would more than **happy** defend the British Heavyweight Championship over in Japan and **raise the stakes** a little bit higher. If that was a case, if that was a possibility, I'm more than happy to do it.

I would even like to go further, and even try and talk to management about maybe establishing more of a base in the United Kingdom, as it is my hometown and we have brought so many of the best wrestlers in the world. So, I would like to even present the option and the idea of maybe changing the Revolution Pro-Wrestling British Heavyweight Championship into the IWGP British Heavyweight Championship.

Key Words & Phrases

roster（集合的に）参戦選手 'Cause because の口語表現。
deserve 〜に値する（→ p.135に掲載） definitely 間違いなく
British Heavyweight Championship 英国団体レボリューション・プロレスリング（RPW）が管理、認定している王座。

ーニングをしていたこともある。彼女だけでなく、俺はスターダムの女子選手全員と仲がいい。

そこで、やってみたいのは、一つのアイデアだがUNITED EMPIRE女子版を作って、たくさんの女子プロレスラーにもスポットライトが当たるようにしたい。現在のスターダムには、これまでになく素晴らしいメンバーがそろっている。彼女たちはスポットライトの下で輝くべきだ。俺は、そんな彼女たちに手を差し伸べられる存在だと思う。

IWGPブリティッシュ・ヘビー級

次は、ブリティッシュ・ヘビー級王座についてだ。もちろん世界的にこんな状態（コロナ禍）とあってはイギリスに戻ってブリティッシュ・ヘビー級の防衛戦を行うのは不可能だ。これは非常に残念なことだ。防衛戦が楽しみではあるが、こればかりは変えようのない事実だ。今、イギリスに行くことはできないし挑戦者もいない。

アンディーには（7月の）サウスサイド・ヘビー級王者決定戦で我慢してもらうしかない。しかし、他のやり方で俺にできることがあれば、提案できるなら、喜んでブリティッシュ・ヘビー級のタイトル防衛戦を日本で行い、少しでもこのベルトのレベルを上げたいと思う。そういうことなら、それがもし可能なら、喜んでそうしたい。

何なら（新日本プロレスの）上層部に新日本のイギリス支部を作ることを提案したいとも思っている。イギリスは俺の母国だし、たくさんの世界レベルのプロレスラーを輩出している。だからレボリューション・プロレスリング（Rev Pro）のブリティッシュ・ヘビー級をIWGPブリティッシュ・ヘビー級に改めたらどうかという選択肢も提案してもいい。

---

defend 〜を防衛する（→p.116に掲載）　challenger 挑戦者
Andy レボリューション・プロレスリング（RPW）のプロモーター、Andy Quildan
happy happilyの言い間違い。　raise the stakes レベルを上げる、賭け金を上げる

(16) What could we do to make this bigger?

And now let's move on to how much this means to me——the IWGP World Heavyweight Championship——and what we could do to make it even bigger. What could we do to make this bigger? Because it is gonna be about the **defences** that I have from this point on. It is about the **bouts** that are gonna make this championship more wanted than it already is.

But I like ideas of **pushing the boundaries**, and pushing myself, and finding out true challengers. Because every single person on this roster knows that they are not on my level, but I am more than happy to test myself, not only against New Japan's **finest**, but any wrestler's finest. I would like to say that I created history of being the first-ever foreigner to be the IWGP World Heavyweight Champion, but I understand that a lot of you guys are gonna **notice** the history and **acknowledge** the history, I should say, of the Heavyweight Championship and the Intercontinental Championship.

But I still will be the first-ever British wrestler to hold the IWGP Heavyweight Championship, the World Heavyweight Championship, we should say——we need to get used to that. So, now the conversation will kind of last of... I believe I am the greatest British wrestler of all time. There is not a single British wrestler that has ever ventured to Japan and climbed the top of the mountain.

Name me every single one: **Dynamite Kid**, an innovator, but he didn't reach the top of the mountain; **British Bulldog**, a fantastic wrestler, deserves to be in **the Hall of Fame**, didn't reach the top of the mountain; **Pete Dunne**, he was a great wrestler, he didn't even come close to the mountain——he was in some random forest, doing three-month tours. I could sit here and name a bunch of British wrestlers, but they didn't reach the top of their mountain. I am the only person that reached the top of the mountain, thus making me the greatest British wrestler that has ever lived.

But I would like to test myself against one of the other people that call

Key Words & Phrases

defence 防衛戦。アメリカ英語のつづりは defense。　bout 戦い（→ p.127に掲載）
push the boundary 限界を押し上げる　finest 最高の、最高級の　notice ～に気付く
acknowledge ～を認める　name ～の名前を挙げる
Dynamite Kid 爆弾小僧の異名を持つイギリス出身のプロレスラー。

このベルトを今よりも大きなものにするために
俺たちは何ができるのか?

　次に IWGP 世界ヘビー級のベルトが俺にとってどれほど意味のあるものか、そして今後ベルトの価値をさらに上げるために何ができるかについても話したい。このベルトを今よりも大きなものにするために俺たちは何ができるのか?

　というのも今後、考えるべきは防衛戦。今以上に誰もが欲しがるベルトとなるような試合をしていくことが大事だ。

　だが限界を超え、自分自身を鼓舞し、真の挑戦者を探すというアイデアも悪くない。新日本プロレスに籍を置く選手が俺のレベルに達していないことは各自わかっているはずだ。しかし、俺は新日本のトップ選手だけでなく、他団体のトップ選手とも進んで戦うつもりがある。俺は史上初の外国人 IWGP 世界ヘビー級王者となって歴史を作った。過去の歴史を振り返れば、ご存じの通り IWGP ヘビー級とインターコンチネンタルの王者には外国人選手がいたことは確かだ。

　それでも俺が IWGP ヘビー級、いや IWGP 世界ヘビー級のベルトを獲得した初めてのイギリス人プロレスラーであるという事実は変わらない。これ(新しいベルトの呼び名)に早く慣れないといけないな。とにかく話を続けると俺は自分がイギリス史上最高のプロレスラーであると信じている。俺のように日本に渡り成功を収めたイギリス人プロレスラーはいない。

　1 人でもいるというなら名前を挙げてもらいたい。ダイナマイト・キッドは革新家だが、頂点に達しなかった。ブリティッシュ・ブルドッグ(デイビー・ボーイ)は殿堂入りに値する素晴らしいレスラーだが、頂点には行けなかった。ピート・ダン、彼も偉大なプロレスラーだが、3 ヵ月の遠征中には頂点を目指すどころかどこかの森にでも迷い込んだようなありさま。ここに座って歴代イギリス人プロレスラーの名前を挙げ続けることもできるが、その誰も頂点に達してはいない。この山の頂点に到達したのは俺だけ。だからこそ、俺はイギリス史上最高のプロレスラーなのだ。

　しかし、俺以外にもう 1 人イギリス史上最高を名乗るプロレスラーがいる。

British Bulldog イギリス出身のプロレスラー、デイビーボーイ・スミスのニックネーム。
the Hall of Fame 顕著な活躍をした選手を表彰する制度。アメリカでは WWE が主催。
Pete Dunne WWE に所属するイギリス出身のプロレスラー。

themselves the greatest British wrestler that ever lived, and he's the man that held the **WWE World Heavyweight Championship, Drew McIntyre**. So, if there was ever a chance, the United States visa has been approved, I would love to have a IWGP World Heavyweight Champion versus the WWE World Heavyweight Champion between two British men and **find out** who the best wrestler is out of them.

And not only that, before I was the IWGP World Heavyweight Champion, a man who **sparked** a whole industry of getting the wrestling world interested in him, the name's **CM Punk**, was interested in **facing** Will Ospreay. Well, now I have the biggest prize in pro wrestling. So, if you really are wanting to **prove** to yourself that you're the best in the world —— where in my opinion, you were just probably the best of the bad bunch——come over to here, and come, take to this, 'cause no one's gonna be able to take this from me.

🎧17 You are not on my level.

So, now let's move on to Shingo. Shingo Takagi sticking his big old dragon nose where it doesn't belong. Now, when I first saw Shingo, I generally just thought to myself, "What are you doing here, you **slag**? **Get out of here**. I've **beaten** you twice already." However, he does have a point, **don't he**?

I wanted Okada. I wanted that man. But Shingo is right. Shingo is the man that defeated Okada. So, if Okada's gonna be the one to challenge, then surely the guy that **beat** Okada should be the first challenger. And I'm gonna make this a point right now because everybody in my position would kinda wanna back off and maybe celebrate, have a couple of drinks and pizzas——and, trust me, I am gonna do that——but I am gonna be a fighting champion to rub it in everybody's face to show it, that you can't stop me. You are not on my level. So, Shingo Takagi, I **look forward to** seeing you in Fukuoka, as you will be my first defence for the World Heavyweight Championship, and not

Key Words & Phrases

WWE World Heavyweight Championship WWE王座。団体の最高位の王座。
Drew McIntyre イギリス出身。2020年4月のWrestle Mania 36にてWWE王者ブロック・レスナーに勝利し、タイトル奪取に成功。　find out ～を明らかにする　spark ～を刺激する
CM Punk CMパンク。元WWE所属のトップレスラー。2021年8月AEWのリングにて電撃復帰を発表。

そいつと試合をして俺の強さを試したい。その男とはWWE世界ヘビー級王者ドリュー・マッキンタイアだ。アメリカ渡航ビザが発行されるようになったら、IWGP世界ヘビー級チャンピオンとWWE世界ヘビー級チャンピオンとでイギリス人同士の戦いをして、どちらが最強のプロレスラーなのか決めたい。

　それだけではない。俺がまだIWGP世界ヘビー級王者になる前から、かつてプロレス界で電撃的な活躍を見せていた男、CMパンクという男が、ウィル・オスプレイとの対戦を所望していた。今、俺はプロレス界最大の称号を持っている。もし、心から自分が世界最高であることを証明したいと思っているならば、かかって来るがいい。──俺に言わせりゃオマエは小さなお山の大将だ──誰もこのベルトを俺から奪うことなどできない。

鷹木信悟、オマエはまだ俺のレベルには達していない。

　では、シンゴの話題に移ろう。鷹木信悟はドラゴンのようなでっかい鼻を間違った場所に突っ込んでいるようだ。最初にシンゴの姿が視界に入ったとき、俺は内心こうつぶやいた。「このクズは、一体ここで何をしているんだ？　とっとと出ていけ。オマエのことは既に2度倒しているだろう」。しかし、あいつもまんざら間違っているわけじゃない、そうだろ？

　俺が戦いたかったのはオカダだ。オカダ戦を希望している。だが、シンゴは正しい。あいつはオカダに勝った男。オカダがベルトに挑戦するならば、その前にオカダに勝った男が第一挑戦者として名乗りを上げるのは当然だ。俺の立場（チャンピオン）になった者は誰でも、試合から離れピザをお供に祝杯でも上げたくなるし、俺もそのぐらいはするが、俺は戦うチャンピオンとなってベルトをすべてのヤツらの顔面にこすりつけてやる。何人たりとも俺を止めることはできないと見せ付けてやる。鷹木信悟、オマエはまだ俺のレベルには達していない。福岡でオマエと会えるのを楽しみにしているぞ。IWGP世界ヘビー級

face 〜と対戦する（→p.117に掲載）　prove 〜を証明する（→p.124に掲載）
slag くず、価値のないもの　Get out of here. ここから出ていけ。
don't he 正しくはdoesn't he　beat 〜を倒す。文中は過去分詞形のbeaten。（→p.116に掲載）
look forward to 〜を楽しみにする

only will I slay a dragon twice, I am going to do it three times. And it is gonna be even more **sweet**, because just like I said to Ibushi, I will do whatever it takes to keep this.

🎧¹⁸ The story is not complete

Final point, and this last one before I can move on. The story is not **complete**. You and I both know this. This is everything. This is what I dreamed of. When I was working on **construction sites** and everyone told me that I would never be a wrestler. This is **the biggest middle finger** to everybody who doubted me. Every single wrestler in the world knows about the four letters on this——IWGP——and this is the No. 1 championship. **Every single wrestler** that you will ever meet will want to hold this championship.

And I'm fully aware of the **responsibility** that I have to take this and **put it on my shoulders**, and to make this championship worth something even greater than the heavyweight championship it was before. And Okada is the **prime example** of that. Okada made the IWGP Heavyweight Championship. Well, every time I think of that classic IWGP Heavyweight Championship, I do think of Okada. Now, I have that responsibility. But he did stop me at the Tokyo Dome, and I can admit when I lose a match. He beat me. He **bested** me.

But he **should've killed** me when he had the chance, 'cause now I'm back and I'm back for revenge, and I'm back with **the ultimate prize**. So, after I am done with Shingo Takagi, there is no better place for me to avenge that loss than the Tokyo Dome. So, get your arse healthy, get repaired, get everything sorted, 'cause I don't want any excuse. I have **every** excuse **under the sun**. I have a **torn rotator calf** and a **broken nose**, and I am still the IWGP World Heavyweight Champion. And I will still be IWGP World Heavyweight Champion. Okada, it is time for me to take your **throne**. You are not New Japan Pro-Wrestling; Will Ospreay is New Japan Pro-Wrestling.

Key Words & Phrases

sweet 最高の（→p.135に掲載） complete 完結した construction site 建設現場
the biggest middle finger 大きく中指を立てること every single wrestler（一人残らず）すべてのレスラー
responsibility 責任 put ~ on one's shoulders（責任など）を担う prime example 最高の例
best ここでは動詞の「~に打ち勝つ」という意味で使われている

王者として最初の相手だ。2度狩ったドラゴンを、3度も倒してみせる。過去
の対戦以上にヤバい試合になるだろう。飯伏にも言ったことだが、俺はこのベ
ルトを保持するためならば何でもするからな。

この物語はまだ終わっていない。

　最後にもう一つ。この物語はまだ終わっていない。それは皆も俺もわかって
いることだ。このベルトこそがすべて。俺が夢見てきたものだ。まだ工事現場
で働いていた頃、俺がプロレスラーになどなれるはずがないとみんなに言われた。
このベルトは、俺を信じなかったヤツらに向けて立てたでっかい中指だ。世界
中のプロレスラー誰もが知るであろう4文字、IWGPと刻まれたこれこそが世
界最高峰の証だ。プロレスラーを名乗る男なら誰もが手にしたいと願うベルトだ。
　そして俺はこのベルトを保持することで担う責任、以前のヘビー級ベルトよ
りも偉大なものにしなければならないという責任を重々理解している。オカダ・
カズチカは最高の例だ。オカダはIWGPヘビー級の価値を上げた。以前のベル
トを思うたび、俺の脳裏にはオカダ・カズチカが浮かぶ。今の俺は同じ責任を
背負っている。だが東京ドームであいつは俺を倒した。負けは認めよう。俺は
オカダとの戦いに敗れた。

　しかし、オカダはあそこで俺の息の根を止めるべきだった。なぜなら、俺は
復活しリベンジに燃えている、最高の栄誉（ベルト）を手にして。鷹木信悟を始
末したら、次はオカダに借りを返す。そのために東京ドーム以上の舞台はない。
わかったら早いとこケツを洗って体調を整えておくんだな。言い訳は不要だ。
俺も肩の回旋筋断裂や鼻骨骨折など言い訳はいくらでもあったが、IWGP世界
ヘビー級チャンピオンになった。オカダ、次の獲物はオマエの王座だ。新日本
プロレスを代表するのはオマエではない。ウィル・オスプレイこそが新日本プ
ロレスだ。

---

should've killed 殺すべきだった。should have＋過去分詞で、「～すべきだったのにしなかった」。
the ultimate prize 究極の褒美　every ～under the sun ありとあらゆる～　torn 引き裂かれた
rotator calf 回旋筋腱板（かいせんきんけんばん）。肩甲骨と上腕骨をつなぐ4つの筋肉の腱の総称。
broken nose 骨折した鼻　throne 王座

ザック・セイバーJr.

🎧19 Showing technical wrestling to Americans is like reading Shakespeare to a dog!

What **utter bollocks**. ... What dribbly nonsense. ... Someone, pick up my water, please. Yeah, could someone pick my water up? Yeah? Thank you very much. Thank you. Yeah, if you could take 20 more minutes, that'd be lovely. Ah, oh, thank you so much. Thank you.

Ha. In a company full of **moronic** referees, Marty Asami is the **densest** one. In fact, he's so stupid, he's **so dense light bends around him**. ... What an **omnishambles**. ... SANADA's a very talented wrestler. ... But there's no way, with any **bloody** logical maths, he could've beaten me. So there's some foul play, isn't there?

Ah, in America of all countries. What a **catastrophe** this country is right now. Great Britain joining you, aren't we? My word. Of course, I can't concentrate. My country's gonna make **Boris Johnson** next prime minister.... Utter nonsense. It's off-putting enough being in this country.

Key Words & Phrases

utter まったくの　bollocks くだらないこと （→ p.119に掲載）　moronic バカな
dense 頭の悪い。原義は「密度の濃い」。
so dense light bends around him イギリスの "The Thick of It" というコメディー番組で登場したセリフ。直訳すると「(通り抜けられず) 迂回するくらい密度が濃い (バカである)」。

Background to the Comments

2019年7月、アメリカ・ダラスで開幕したG1 CLIMAX 29。初戦でSANADAに敗れたザック・セイバーJr.によるバックステージコメント。テクニカルなレスリングを持ち味とする両者の試合は、2人にしかできないグラウンドの攻防、関節技の読み合いなどがひたすらに繰り広げられる名勝負となった。

難易度 | **Speed** スピード | 遅い ■■■■■■■■ 速い
Vocabulary 語彙 | 易しい ■■■■■■■■ 難しい
Point ポイント | スラングが非常に多く、比喩も時々使うため難易度は高い。

Video 動画

新日本プロレス
ワールドで公開中
(15.47〜)

「技巧派のプロレスをアメリカ人に見せるのは、犬にシェイクスピアを読み聞かせるようなもの！」

　まったくひどい試合だ……あり得ない……ほら、誰か、俺の水を取って来て。水を取って来いって言っているだろう？　うん、どうもありがとう。ありがとう。あと20分も時間をかけてくれるのかと思ったよ。まあ、とにかくありがとう。どうもありがとう。

　この団体には脳なしレフェリーしかいないが、マーティー浅見は愚の骨頂だな。本物のバカだ。ブラックホール並みのバカだよ。何て無能なんだ……SANADAはとても才能あるレスラーだが、何をどう考えてもあいつが俺に勝てるわけがない。不正行為があるんじゃないのか？

　しかも、よりによってアメリカで。この国も壊滅的だな。イギリスもその後を追っているけどな？　まったく！　俺が（試合に）集中できるわけないだろう。俺の国はボリス・ジョンソンを次期首相にするつもりなんだぞ……全くバカげた話だ。この国（アメリカ）にいるだけでも不快だってのに。

---

omnishambles 無能、役に立たない、めちゃくちゃなこと。同じく"The Thick of It"で最初に登場した造語。2012年にはオックスフォード英語辞書が選ぶwords of the yearのひとつにも選出。
catastrophe 大惨事　Boris Johnson イギリスの政治家で保守党党首。2019年7月24日に第77代イギリス首相就任。労働党支持のザックは目の敵にしている。

As much as SANADA couldn't tap me out, and he couldn't tap me out, could he? He had to pin me with a dodgy count. But I've tapped out SANADA last year in the NEW JAPAN CUP. He's only ever pinned me. Yeah. 'Cause no one can touch me. Not in New Japan, but in professional wrestling for **tekkers**. Tekkers means technical skill, for you morons. Yeah, I have to translate for you guys as well. ...

Ah, that said ... it's much more enjoyable being challenged by **talented** wrestlers like SANADA than some of the other cretins I have to wrestle, huh. What a waste that match was in America, huh?

Given a match of that **technical quality to an American crowd would be like reading Shakespeare to a dog.** Utterly pointless. Endearing to think about, but utterly pointless, nonetheless. Why are we opening it here? Huh? I thought Japanese crowds were idiots, but in comparison they all look like they're **MENSA members.**

You know what? I don't care losing to SANADA. Oh, we all make mistakes, **Volk Han** lost a few times. **Brian Eno** worked with **Coldplay.** So, **Lord** knows, we're all capable of failures, aren't we? I don't really care.

My next match is Okada. ... I came this close to tapping him out at Ryogoku in front of 10,000 people. ... This time I'm gonna do it. ... And I'll **secure** my IWGP Heavyweight Championship. I think it's gonna look very dashing next to my British Heavyweight Championship.

Ahem, I'm the best technical wrestler in the world. ... That was an off day. And still untouchable compared to the rest of my **contemporaries** in this business. ... I'm just getting started. As you were.

Key Words & Phrases

tekker 技巧派。タイチとのタッグは Dangerous Tekkers。　talented 才能がある (→ p.125に掲載)
technical quality to an American crowd would be like reading Shakespeare to a dog. 「A is to B what C is to D」で「AとBの関係はCとDの関係と同じだ」という表現。　MENSA member 人口上位2%の知能指数 (IQ) を有する者の交流を主たる目的とした高IQ団体。　Volk Han ロシア、ダゲスタン共和国出身の総合格闘家。

　SANADAは俺をギブアップまで持ち込めなかった、できなかったよな？　あいつはいい加減なカウントで押さえ込むしかなかった。だが、俺は昨年のNEW JAPAN CUPであいつからギブアップを奪った。あいつは俺をピンフォールすることしかできていない。そう、俺に太刀打ちできるヤツなど存在しないのだ。少なくとも新日本には存在しない。テッカーの集まるプロレスならいるかもしれないな。間抜けどもなオマエらに説明してやると、テッカーとはテクニカル・スキル（技能）のこと。俺が通訳までしないといけないとはな。

　そうは言っても、SANADAのような才能あるレスラーの挑戦を受けるのは、俺が相手にしなきゃいけない他のアホどもとは比べ物にならないくらい楽しいよ。アメリカなんていう場所でこんな試合をしたのは本当にもったいない。そうだろう？

　これだけテクニカルな質の高い試合をアメリカの観客の前でやるなんて、シェイクスピアを犬に読み聞かせるようなものだ。全くの無益。考えようによっちゃカワイイが、それでもまったくの無意味。なぜこんなところで（G1 CLIMAXの）開幕戦をやろうと思った？　なぁ？　日本の観客もバカだったが、アメリカのそれと比較したら天才集団に思えるくらいだ。

　とはいえ、SANADAに負けたことなどは取るに足らない事。誰にでも間違いはある。ヴォルク・ハンだっていくつか黒星がある。ブライアン・イーノもコールドプレイとコラボしたしな。神は知っている、我々は間違いから学ぶ事ができると。そうだろう？　だから、俺には取るに足らないことなんだ。

　次の相手はオカダだ。両国（国技館）では1万人の観客の前でタップまであと少しのところまで追い詰めた……今回はやってやる……そしてIWGPヘビー級王座をモノにする。ブリティッシュ・ヘビー級のベルトと並べて置いたら最高に美しいだろうな。

　俺こそが世界最高の技巧派レスラーだ。今日は俺の日じゃなかっただけ。それでも今の時代の他のレスラーたちと比べたら無敵の男だ。まだ始まったばかりだ。それでは。

Brian Eno　イギリス東部のウッドブリッジ出身の作曲家／音楽プロデューサー。ザックは過去の会見で、「彼のように古き良きものから新しいものを創り上げる。そういう人になりたい」と言及したこともある。
Coldplay　最優秀ロック賞などグラミー賞を計7回も受賞した、イギリス出身の世界を代表するロック・バンド。
Lord　神、支配者　secure　〜を手に入れる（→p.132に掲載）　contemporary　同年代の人

プロレス英語のプロが語る！
新日本プロレス英語実況舞台裏

SUPER J-CUPでプロレスの虜に

16歳の時、「SUPER J-CUP」を見て、新日本プロレスにハマりました。どうしても日本のプロレスが生で見たくなり来日したのが大学卒業後。そこから10年以上、英語講師として働きながら、新日本を中心にプロレスを応援していました。

僕は外国人のファンにも新日本プロレスを広めたい気持ちが強かったので、自分でPodcastを始めたり、Twitterでマイクアピールの英訳を投稿したりと、英語圏の人にプロレスの魅力を伝えるための活動を始めました。これらの活動がきっかけで、ロッキー・ロメロ選手と仲良くなり、公式英語サイトの立ち上げのタイミングで翻訳スタッフとして新日本プロレスに紹介してもらいました。

英語実況席への参加

2018年7月の後楽園ホール大会では、マイクアピールやバックステージコメントの通訳担当として英語実況席に参加することになりました。当日は「もしかしたら、一切しゃべれないかもしれない」と思うほど緊張しましたが、結局メインイベント（後藤洋央紀vs石井智宏）の試合後は両選手ともノーコメントでした（笑）

その後は、実況担当のケビン・ケリーさんに色々教えてもらって、通訳だけでなく少しずつ実況も学んで、今はロッキーさん、ケビンさん、ジーノ・ガンビーノさんと一緒に、新日本プロレスワールド英語実況チームのレギュラーメンバーです！

毎日、英語コンテンツを作成

会場での仕事以外では、毎日英語公式サイトやSNS、YouTubeでもコンテンツを作っています。プロレスファンだった自分にとって、いまの仕事は間違いなく"ドリームジョブ"です。毎日感謝を込めて楽しく仕事をしています。

最近は外国人選手のインタビュー記事を担当したり、日本人選手のインタビューを英語公式サイトのため、日本語から英語に翻訳しています。

「プロレス英語」「プロレス日本語」の理解が大事

英語と日本語の違いももちろん大切ですが、さらに「プロレス英語」「プロレス日本語」の違いを理解することがこの仕事の重要なポイントだと思います。「○○選手が日本語で答えていること」と「もし○○選手が英語を話せるなら言うであろうこと」の差を把握して、言葉を考えるのが非常に大事。

AI翻訳アプリを使えば、大体の内容は理解できるかもしれないけれど、選手のカッコ良さ、プロレスの魅力を伝えられるよう、心をつかむ言葉を考えられるのは人間だけです。そういった仕事ができるのはやはり楽しいですね！

クリス・チャールトン
イギリス出身。2018年新日本プロレスに入社。通訳、翻訳、英語実況・解説、英語版Podcastのパーソナリティーなど様々な業務を兼任するプロレス英語のプロ。

Chapter3

あの名場面がよみがえる
プロレスラー
英語語録

マイクアピールやバックステージコメントで登場した
英語の名言を日本語訳とセットで掲載。
リアルタイムでは理解できなかった内容もここで復習！

※日本語訳は公式動画の字幕と同じものを使用しています。

Anybody who steps in this ring with me will breathe with the SWITCHBLADE.

全員スイッチブレードと呼吸する運命にある。(ジェイ・ホワイト)

●Tシャツにもなっているおなじみのフレーズ。【2021年8月14日／ロス・LAコロシアム】

Bring me the chair! そのイスを持ってこい！(ジェイ・ホワイト)

●試合後、椅子や水が用意されていないことに怒るヒールレスラーは多い。【2018年8月1日／鹿児島アリーナ】

Your claps are more insulting than silence in this day and age, so just keep it to yourself.

お前らの拍手なんて屈辱と同じだ。そんなものはやめてくれ。(ジェイ・ホワイト)

●棚橋からNEVERを奪取した後の第一声。直訳で「静寂よりも屈辱だ」。【2021年5月3日／福岡国際センター】

You guys are an embarrassment to yourselves, and you're making everybody in the whole tag division look stupid by being around you two.

お前らは惨めで哀れだな。お前ら2人のせいでジュニアタッグ全体のレベルがガタ落ちなんだよ。
(エル・ファンタズモ) ●YOH、SHOに辛辣発言！【2021年8月7日／後楽園ホール】

Say, "I quit."

「参った」と言うんだ。(チェーズ・オーエンズ)

●矢野を押さえつけながら強要。quitは「やめる」「断念する」という意味。【2021年8月25日／後楽園ホール】

I am wrestling to bury you!

お前の息の根を止めてやる！(タンガ・ロア)

●toは「〜のために」という目的の意味。buryは「埋める」「埋葬する」。【2021年2月16日／後楽園ホール】

I'm gonna crush you!

ぶっ潰してやる！(バッドラック・ファレ)

●crushは「押しつぶす」の意味。150キロオーバーのファレにピッタリの表現。【2020年11月15日／愛知県体育館】

I have the greatest IQ in the junior heavy weight division.

俺は新日本のジュニアの中で誰よりも高いIQを持っている。(エル・ファンタズモ)

●IQはintelligence quotientの略で「知能指数」。【2021年6月23日／後楽園ホール】

You wanna slam me?

この俺にボディスラムをかけようとしたのか？
（バッドラック・ファレ）
●矢野に対し、「ボディスラムマッチで勝負だ」、と挑発した。
【2020年12月11日／日本武道館】

I just lost to David Finlay? This is real life now?

デビッド・フィンレーに負けただと？
これは現実世界のことか？（ジェイ・ホワイト）
●フィンレーに敗れた後のコメント。両者の対戦成績は12－2に。
【2021年3月18日／ツインメッセ静岡】

Today marks us the best tag team in the whole f***ing galaxy.

今日勝った俺たちはG.o.Dとして宇宙最強のタッグチームだ。
（タマ・トンガ）
●G.o.Dとして東京ドーム大会で初めて勝利。mark は「〜を示す」という意味。
【2021年1月4日／東京ドーム大会】

Let me remind you who I am. I am "Switchblade" Jay White. I am the number one asset in pro wrestling. I am the Last Rock 'n' Rolla! I am the man that single-handedly sold out Madison Square Garden. I am the NEVER Openweight Champion and I am the first and only Grand Slam Champion and I am the real belt collector.

今ここでもう一度、お前らに俺が誰なのか思い出させてやろう。俺はSWITCHBLADE、ジェイ・ホワイト。プロレス界で最も注目を集める、LAST ROCK N' ROLLA！ マディソンスクエアガーデンのチケットを一人で売り切った男。現・NEVER無差別級王者であり、史上初の4冠王座を達成した、ホンモノのベルトコレクターだ！（ジェイ・ホワイト）
●アメリカで久々となる自己紹介。asset は「価値あるもの」という意味。【2021年8月14日／ロス・LAコロシアム】

What a mess that country is! You need a new president, and his name is Zack Sabre Jr.

今アメリカはめちゃくちゃじゃないか。新しい大統領が必要だろ。
俺が次期アメリカ大統領になってやろう。(ザック・セイバーJr.)
●モクスリー襲撃後のコメント。mess は「混乱」「ひどいありさま」という意味。【2020年2月9日／大阪城ホール】

I'm looking at you, you've got the target on your forehead.

ヒロム、次のターゲットはお前だ。(ロビー・イーグルス)
●直訳すると「額の上に標的がある」つまり「狙いが定まっている」。【2021年7月25日／東京ドーム】

I hate you, Naito. You are still a dickhead.

大嫌いだ、内藤。お前は大バカ野郎だ。(ザック・セイバーJr.)
●dickhead はザックが多用するイギリス英語のスラング。【2021年7月11日／真駒内アリーナ】

You'll surrender to the sniper.

お前はスナイパーに降伏する。(ロビー・イーグルス)
●surrender to 〜 で「〜に降参する」の意味。【2021年9月5日／高橋ヒロム YouTube チャンネル「試合前会見風会見」】

Once upon a time, there were two dickheads, Tweedle Dee and Tweedle Dipshit.

昔々ある所に、トゥイードル・ディーとトゥイードル・バカという名前の2人の男がいました。
(ザック・セイバーJr.)
●後藤、YOSHI-HASHI組に向けて、イギリスの童話のタイトルにスラングを混ぜて挑発。【2021年8月25日／後楽園ホール】

Welcome back Juice!
Welcome back to NJPW STRONG!

おかえりジュース！　NJPW STRONGへようこそ！(ヒクレオ)
●久々のNJPW STRONG参戦となったジュースへ一言。【2021年8月25日／NJPW STRONG】

My arms are made of noodles.
You can't break my arms.

俺の腕は麺でできているんだ。あいつに壊せるわけがない。(ザック・セイバーJr.)
●ザックいわく、体の85％が麺でできているとのこと。【2021年6月15日／後楽園ホール】

I can't wrestle Yano every day. It's driving me crazy.

矢野と毎日試合はできない。頭がおかしくなりそうだ。(ザック・セイバーJr.)
●**drive me crazy**で「イライラする」。【2020年11月7日／大阪府立体育会館】

I have an idea for Yuya. You come to my Dojo. I'll teach you all about Tekkers.

ユーヤに一つ提案だ。俺の道場に来い。テッカーズの全てを叩き込んでやる。(ザック・セイバーJr.)
●上村を高く評価。**Tekkers**はp.100にも登場。【2021年6月15日／後楽園ホール】

You awakened the beast.

完全に火をつけてしまったな。(チェーズ・オーエンズ)
●直訳すると「オマエは野獣を目覚めさせた」という意味。【2020年11月15日／愛知県体育館】

Boris Johnson ruined my G1.

ボリス・ジョンソンが俺のG1をめちゃくちゃにした。
(ザック・セイバーJr.)
●EVILに敗れ、G1優勝がほぼ絶望的に。
　ボリス・ジョンソンのせいで試合に集中ができなかったと
　連日荒れた。【2019年7月27日／Twitter】

I'm not pretending who I am.

もう自分を偽るのはやめた。(アーロン・ヘナーレ)

●UNITED EMPIRE加入後の決意表明。pretend は「〜のふりをする」。【2021年4月4日／両国国技館】

The Aloha Maker will make those rain clouds disappear, and along with that, Okada will be gone.

このアロハメーカーが雨雲を蹴散らし、オカダも一緒に吹き飛ばしてやる。(ジェフ・コブ)

●オカダへの挑発マイク。along with 〜 で「〜と一緒に」。【2021年8月26日／後楽園ホール】

John, you're coming for a fight and I'm ready.

モクスリー、本気で闘いに来いよ。受けて立つ。(ジュース・ロビンソン)

●fight には「決闘」「ケンカファイト」の意味がある。【2019年6月8日／試合前】

I am on another level.

俺はレベルが違う。(ウィル・オスプレイ)

●be on another level で「次元が違う」「ずば抜けている」という意味。【2021年3月7日／アイメッセ山梨】

KENTA, you have my attention.

KENTA、お前を見ているぞ。
(ジュース・ロビンソン)

●直訳すると「お前には俺の注目がある」。英語らしい表現。
【2020年12月21日／後楽園ホール】

Doctor Cobb ... sounds pretty good.
ドクター・コブ……しっくりくるな。(ジェフ・コブ)
●飯伏にコブゴェをさく裂させ、グロッキー状態に追い込んだ後のコメント。【2021年5月26日／後楽園ホール】

I am on fire.
I am determined.
今年の俺は一味違うぞ。(デビッド・フィンレー)
●on fire で「燃えている」。determined で「決心している」。【2021年3月15日／後楽園ホール】

Phantasmo, you better watch your back.
ファンタズモ、警戒した方がいいぞ。(ロッキー・ロメロ)
●watch your back で「気をつけろ」「注意しろ」【2021年7月11日／真駒内アリーナ】

No matter the weight, no matter the size, we're gonna know who is the strongest in New Japan.
体重やサイズに関係なく、誰が新日本で一番強いか今にわかるさ。(トム・ローラー)
●203センチ、120キロのヒクレオを破った後のコメント。【2021年4月17日／NJPW STRONG】

Thanks for being my stepping stone on my first defense of the IWGP World Heavyweight Championship.
俺のIWGP世界ヘビー級王座初防衛の踏み台になってくれたことに感謝する。(ウィル・オスプレイ)
●鷹木信悟を相手に初防衛に成功した後の第一声。【2021年5月4日／福岡国際センター】

My whole life, this has been my goal!
俺の人生でこれが目標だったんだ!(クリス・ディッキンソン)
●has been my goal で「ずっと目標だった」という意味。【2021年1月9日／NJPW STRONG】

Will Ospreay will not be performing in the G1!
ウィル・オスプレイは今年のG1に出ない!(ウィル・オスプレイ)
●観客の期待を煽った上で出場しない宣言をした。【2021年8月14日／ロス・LAコロシアム】

He's playing the role of a hero. But it's all fake. The real man behind Tanahashi is a piece of shit.

棚橋はヒーローのような顔をして真実を偽っている。その正体はただのポンコツだ。(ケニー・オメガ)

●ドーム大会での決戦を前に、異様な緊張感の中で行われた会見での発言。【2018年10月9日／記者会見】

I'll be a legend that no one will ever touch, ever.

俺は誰もこれまでに成し遂げていない伝説を創る。(ケニー・オメガ)

●この後、オカダを相手に46分45秒の激闘を繰り広げた。【2017年1月4日／東京ドーム大会前】

I am the Painmaker. 俺は苦痛を与える男だ。(クリス・ジェリコ)

●オカダに痛みを与える「ペインメーカー」になると宣言。【2019年6月8日／記者会見】

Good Brothers return to the place that made us super famous!

俺たちを世界的に有名にしてくれた場所に、ザ・グッドブラザーズが帰ってきた！
(カール・アンダーソン)

●7年半ぶりに新日本プロレスのリングへ復帰した。【2021年7月17日／NJPW STRONG】

I think Tanahashi definitely is the ace of New Japan. I think he has legendary status, similar to Chris Jericho.

さすが棚橋は新日本のエースだ。レジェンドのレベルで言えば、クリス・ジェリコと大差ない
だろう。(クリス・ジェリコ)

●棚橋との試合は特にお気に入りであると大絶賛した。【2020年1月5日／東京ドーム】

I'm the only performer in history to be a WWE Intercontinental Champion as well as IWGP Intercontinental Champion.

WWEと新日本両方でインターコンチネンタルのベルトを獲得したレスラーは世界でも俺だ
けだ。(クリス・ジェリコ)

● as well as 〜 で「〜と同様に」。【2018年6月10日／インタビュー】

Jon Moxley wants in the G1!

ジョン・モクスリーをG1に出場させろ！（ジョン・モクスリー）

●海野翔太を４分弱で仕留めるとマイクを取り、まさかの参戦アピール。【2019年6月9日／大阪城ホール】

I speak the language of violence and you will hear my message loud and clear.

俺の話すバイオレンスという言語をオマエらはその耳ではっきりと聞くだろう。（ジョン・モクスリー）

●loud and clear で「明瞭に」。オンライン会議でも使える表現。【2019年6月／インタビュー】

I want my damn rematch. Not a year and a half later. I want it to be the next time you show up on All Elite Wrestling.

AEWのリングでリマッチさせてくれ！　あまり俺を待たせないでくれよ！（ランス・アーチャー）

●試合後、対戦相手の棚橋弘至を称えた後、再戦を誓った。【2021年8月14日／ロス・LAコロシアム】

It's the exact same masterminded formula. It's a magic killer, a one two three.

俺たちの巧みな攻め方はいつも変わらない。マジックキラーで3カウントだ。（ドク・ギャローズ）

●mastermind は「ずば抜けた知性」、formula は「公式」。【2021年7月17日／ NJPW STRONG】

I don't come here for the money.

日本に来る目的は金じゃない。（ジョン・モクスリー）

●モクスリーの覚悟が伝わる一言。ここでの for は「〜のために」という目的を表す。【2020年2月9日／大阪城ホール】

I'm beyond excited! I've been waiting for this day for a long time.

ワクワクなんてもんじゃないな！　この日をずっと待っていたんだ。（ジョン・モクスリー）

● wait for 〜 で「〜を待つ」。新日本プロレス参戦を待望する海外のレスラーはとても多い。【2019年6月／インタビュー】

Finally, New Japan Pro-Wrestling has come back here!

やっと新日本がアメリカに戻ってきた！（棚橋弘至）

●1年半ぶりの有観客試合となったロス大会を英語で締めた。【2021年8月14日／ロス・LAコロシアム】

Jay, I accept your challenge.

ジェイ、挑戦を受けてやるよ。（棚橋弘至）

●ギブアップしたジェイに対し、**J・T・O（Jay Tap Out）**と挑発した。【2021年4月4日／両国国技館】

Hey, Ospreay. I will challenge you for the IWGP World Heavyweight title!

おい、オスプレイ。IWGP世界ヘビー級ベルトに挑戦させてもらおうじゃねぇか！（鷹木信悟）

●オカダ、オスプレイの間に割り込む形でベルト挑戦を流ちょうな英語でアピール。【2021年4月4日／両国国技館】

That's it!

以上！（柴田勝頼）

●ヘッドコーチとして英語で挨拶、英語で締めた。【2018年3月24日／ロス道場開き会見】

Ospreay, listen to me! From now(on), I focus on you.

オスプレイ、よく聞け！この瞬間から俺が見ているのは
お前だけだ！（鷹木信悟）

●『NEW JAPAN CUP』決勝戦の相手、オスプレイに英語でアピール。
【2021年3月20日／ゼビオアリーナ仙台】

Finally, the time has come … It's time to be IWGP United States Champion.

ついに時が来た……
IWGP USヘビー級チャンピオンになる時がな。（KENTA）

●モクスリーの襲撃を受けた後のコメント。【2021年1月30日／ NJPW STRONG】

I just want to say, "Thank you."

ありがとうと言わせてほしい。（オカダ・カズチカ）

●1万6000人を超える超満員の観客を前に英語で締めた。
【2019年4月6日／ニューヨーク マディソン・スクエア・ガーデン】

Hey @JonMoxley I'm coming for YOU!
覚悟しておけ！（KENTA）
●ジョン・モクスリーとの対戦を控えTwitterで発信。【2020年8月22日／Twitter】

Let's sit down. Let me ask you, do you miss me? I miss you too, baby.
ちょっと座ろう。俺に会えなくて寂しかった？　俺も君のことが恋しかったよ。（KENTA）
●恒例のバックステージでのKENTA劇場を全編英語で展開した。【2020年1月27日／山形ビッグウイング】

Everything is EVIL!
全てはイービルだ！（EVIL）
● everything は単数扱いなので、be動詞は are ではなく is。【2020年10月11日／愛知県体育館】

Are you ready to be the loser?
負け犬になる準備はできているか？（KENTA）
●対戦を控えた内藤哲也に向けて英語で挑発。【2020年1月27日／山形ビッグウイング】

Thank you for coming tonight. I'm sorry, I cannot speak English that well. We have visa problem. Government shutdown! Japanese wrestlers can't attend show. I'm sorry, but I'm New Japan! We are all New Japan! We are all New Japan! LA DOJO is New Japan Pro-wrestling! They all have New Japan Spirits! Please enjoy the show! That's it!
今夜は来てくれてありがとう。ごめん、私は英語を上手く話せない。ビザの問題で政府がシャットダウンしたから、日本人レスラーは不出場です。申し訳ありません。でも、俺が新日本であり、俺たちが新日本です！　もう全員が新日本だ！　LA道場こそが新日本プロレスです！　彼らは全員、新日本の魂を持っています！　ショーを楽しんでいってください、以上！（柴田勝頼）
●日本人選手が不参加になったことを観客にわびる一方、自分とLA道場こそが新日本プロレスであると力強く宣言。【2019年1月30日／ロサンゼルス】

人気通訳が語る！
新日本プロレス英語通訳舞台裏

初めて通訳したのは、カール・ルイス

　通訳になったきっかけは、TBSでやっていた「筋肉番付」「スポーツマン No. 1 決定戦」というテレビ番組でのアルバイトですね。外国人アスリートが30人くらい出演していて、英語でアテンドできる人がたくさん必要だということで友人から紹介されて。選手に（競技の）ルールを説明したり、ロケの間はずっと一緒に動いて、次はあれやるよ、これやるよって案内したりする仕事でした。

　ちなみに生まれて初めて通訳した相手は陸上選手のカール・ルイスです。その後、一緒に仕事をしていたスタッフが「K-1 WORLD MAX」という格闘技イベントを立ち上げて、そのままバイトの延長線上で格闘技にも関わるようになりました。

新日本プロレスでの通訳舞台裏

　試合開始の30分前に会場入りして、対戦カードをもらいます。試合が終わったらすぐにバックステージのインタビュースペースに移動して、外国人選手のコメントをその場にいる記者さんたちへ日本語に訳して伝えます。（新日本プロレスでは選手コメントの）速報を出しているので、本当にスピード勝負。私が訳したものを新日本の担当の方がレコーダーで録音して急いで文字起こしをして、サイトにばしっと掲載！みたいな連携がありますね。あとアメリカ遠征時には一緒に連れて行っていただいて、2019年4月のニューヨーク大会の時には、矢野通選手のトークイベントの通訳をやりました。ちゃんと伝わるかな、大丈夫かなと思ったんですけど、お客さんが笑ってくれたからよしっ！みたいな。矢野選手のジョーク、ちゃんと英語にできているぞと（笑）。

棚橋はポンコツだ！

　いちばん記憶に残っているのは、2018年末のケニー・オメガと棚橋弘至選手の東京ドーム大会前の会見。ケニーが棚橋選手のことを"piece of shit"って言ったんです。長い長い文章の中に出てきた言葉で、どうやって訳そうとずっとメモしながら考えてて。"crap"とは言わない。本当のド悪意ではなく、ケニーのユーモアも含んでいるのかなと。もうベテランとなって動きも昔ほどはキレキレじゃない棚橋選手を"piece of shit"と言ったのが、油切れというか、古くなった車みたいな印象もあるかなと思って。

　で、結局、私がそこで出てきた言葉が「ポンコツ」でした。「棚橋はポンコツだ！」っていう。うーん、どうかな、よかったかなって思っていたら、（試合前日の）会見やVTRでも「ポンコツ」って言葉が使われていました。あれはいまだにほかに何か言葉があったかなって考えたりしますね。別に正解もないんですけど。それを考えるとすごく印象的でしたね。

小池水須香（MIZUKA）
通訳・翻訳家。新日本プロレス、UFC、MMA、ボクシングをはじめとする格闘技や、MLB、NFL、NBAなどのメジャースポーツの中継番組などさまざまな現場で活躍中。

Chapter4

永久保存版
プロレス英語辞典

新日本プロレス、クリス・チャールトンさん監修の元、
辞書には載っていないプロレス独自の英語表現、
絶対に日常会話では使っていけないスラングから、
日常会話やTOEICにも頻出の表現まで幅広くカバー！
解説には英語のプロ3人が集結。

［解説］
濵﨑潤之輔（TOEIC講師）／小池水須香（通訳・翻訳家）
クリス・チャールトン（新日本プロレス）

※本文中では（濵）、（ず）、（ク）と表記しています。
※本文中の、動名形副間熟は、順に、動詞、名詞、形容詞、副詞、間投詞、熟語（フレーズ）を表しています。

1 プロレス基礎英語

ace
（エース）
名 エース

エースは言わずと知れた、新日本プロレス「100年に一人の逸材」棚橋弘至選手の愛称でもあります。「最高の人」「第一人者」という意味を持つ単語です。(濵)／Go ACE!! (ず)

babyface
（ベビーフェイス）
名 ベビーフェイス

本来は「童顔」という意味ですが、プロレスでは「善玉」という意味で使われます。(濵)／face でも同じ「ベビーフェイス」の意味で使われることも。(ク)

beat
（ビート）
動 〜を倒す

「〜を殴る」「〜を打ち負かす」という意味の単語です。I'll beat you!「俺はお前に勝つ！」のようによく使われます。(濵)／Beat your ass! で「お前をボコボコにしてやる！」(ず)／似た意味の defeat は書き言葉で使われます。(ク)

bump
（バンプ）
名 受け身

受け身の上手い選手に対して「アイツはバンプが上手い」と評するシーンがよく見られます。「〜にぶつかる」という意味の動詞でも使われることが多い単語です。(濵)／「グータッチ」は fist bump、「ハイタッチ」は high five です。(ず)

contender
（コンテンダー）
名 挑戦者

その団体や階級のトップ5に入っていれば確実に contender と呼ぶにふさわしい選手でしょう。その中から一人 challenger としてタイトルに挑戦できます。(ず)／「次期挑戦者」は number one contender と言います。(ク)

challenge
（チャレンジ）
動 〜に挑戦する

I'm gonna challenge you! 直訳すれば、「お前に挑戦する！」。ただ、訳すときは、あえて「挑戦」という言葉を使わず、「お前のベルトを奪ってやる！」と意訳する事多々。(ず)／first attempt at 〜 で「〜に初挑戦する」という意味。(ク)

cover
（カバー）
動 カバーする

相手選手から3カウントのフォールを取るときに行う動作のことです。相手に上から覆いかぶさるので、まさに「カバーする」という動作を表します。(濵)

defend
（デフェンド）
動 〜を防衛する

タイトルマッチにおいて、チャンピオンが挑戦者を退けることを表します。タイトルを持っている「現王者」のことを defending champion と言います。(濵)

draw
（ドロー）
名 引き分け

「引き分け」以外にも、「(客を)引き込む」「人気を呼ぶ」、big draw で「人を強く引きつける(選手)」「集客力がある(選手)」などの意味があります。Jay White single-handedly sold out MSG. He's a big draw. (ク)

face
（フェース）
動 対決する

試合前の会見などで、選手同士が向かい合う、額をつけてにらみ合う場面を、日本では、**face off**（フェースオフ）と呼びます。英語では、**stare down, square off** という言い方をすることも多いです。（ず）

heel
（ヒール）
名 ヒール

heel は「悪役」であり、対義語は babyface「善玉」です。BULLET CLUB などのユニットは **heel unit** と言います。（濵）／babyface が heel になるのは **heel turn**。和製英語っぽいけど英語です。（ず）

kick out
（キッカウト）
熟 キックアウトする

カバーの体勢に入られ、3カウントを取られる前に相手をはねのける動作のことです。（濵）／**get kicked out of 〜** で「〜から追い出される」「〜から追放される」という意味になります。（ず）

legend
（レジェンド）
名 レジェンド

「レジェンド・レスラー」は和製英語で、英語では **legendary wrestler** と表します。（濵）／引退された選手だけではなく、ベテラン選手にも使います。第3世代の選手は **living legend**「現役のレジェンド」ですね。（ク）

loss
（ロス）
名 負け

動詞形は **lose**「負ける」です。**be at a loss for 〜**「〜に困る」という表現を押さえておくと良いでしょう。「試合に負ける」は **lose a match** と表します。（濵）

offense
（オフェンス）
名 攻撃

No offense.「悪気があって言ったのではありません」という表現は日常会話でしばしば使われます。動詞 **offend** は「〜の気分を害する」、形容詞 **offensive** は「侮辱的な」という意味です。（濵）

opponent
（オポーネント）
名 対戦相手

enemy も「敵」ですが、スポーツでの対戦相手では **opponent** を使います。（ず）／**first opponent**「最初の対戦相手」、**formidable opponent**「手ごわい対戦相手」という意味になります。（濵）

pin
（ピン）
動 3カウントを奪う

pin には「（相手を）固定する」という意味があります。プロレスでは3カウントを取って勝利した際に「ピンフォール勝ちです」のように使われる単語です。（濵）

preview
（プリービュー）
名 前哨戦

映画の「試写会」などを表す単語としてよく使われます。シングルのベルトを懸けたタイトルマッチが行われる前に、タッグマッチで戦うことが多いのですが、その戦いを指す単語です。（濵）

promo
（プローモー）
名 マイクアピール

promo は「（短い）宣伝用のビデオ」という意味の単語です。マイクアピールは自分自身を宣伝するということですね。（濵）／インタビューではなく、選手がカメラに向かって一人でしゃべるコメントを、**backstage promo** と呼びます。（ク）

rematch
（リーマッチ）
名 再戦

IWGP 世界ヘビー級選手権などのタイトルマッチが行われ、後日すぐに同じカードが行われる場合がありますが、そのような試合のことを **direct rematch** と呼びます。（濵）

rookie
（ルッキー）
名 ルーキー

他競技では 1 年目の選手限定でルーキーと呼ばれますが、新日本プロレスでは**ヤングライオン**が総じてルーキーと呼ばれている印象です。（ず）

submit
（サブミット）
動 ギブアップをする

派生語の名詞 submission には「降伏」という意味がありますが、これはプロレスでは「関節技」のことを指します。関節を極めて相手を「降伏」させるのです。（濵）／マットを叩いてギブアップする場合は、**tap out** と言います。（ク）

tag
（タグ）
動 （仲間に）タッチする

tag 自体には「交代する」という意味がありますが、複数対複数で戦う試合のことは **tag-team match** と言います。通常は 2 対 2 ですが、6 人タッグ、10 人タッグなども行われます。（濵）

tournament
（トーナメント）
名 勝ち抜き戦、リーグ戦

「勝ち抜き戦」のことを（日本語では）指しますが、G1 CLIMAX のような「総当たりのリーグ戦」のことも英語では tournament と言います。（濵）／口語では **tournee** とも言うので、覚えておくとネイティブっぽいです。（ず）

veteran
（ベテラン）
名 ベテラン

元々は「兵役経験者」という意味の単語で、「歴戦のつわもの」、そして「熟達者」という意味を表します。プロレスラーであれば40歳前後からそれ以上の選手のことを指す場合が多いです。（濵）

win
（ウィン）
名 勝ち

「白星をあげた」を **I got the W.**（ダブリュー）と言う時もあります。**W**（ダブリュー）だけで勝利という意味になります。（ず）／**Loss** も **L**（エル）だけで使います。**I handed you an L!**「俺に負けただろう！」（ク）

wrestle
（レッサル）
動 試合をする

fight, match, game など、競技によって表現が変わります。プロレスだと match か wrestle を使うことが多いですね。（ず）／fight は「ケンカファイト」という意味で、通常とは異なるルールで戦う場合などに使われます。（ク）

2 レスラー英語

against
（アゲンスト）
前 対する

fight against で「〜との闘い」を表します。「〜を背景にして」を表すこともできます。against a Stars and Stripes flag「星条旗を背景にして」(濵)

Ask him!
（アスキム）
熟 確認しろ!

「相手がギブアップするのかしないのか」を Ask him!「コイツに確認しろ!」という意味の表現です。関節技などを相手に掛けている状態でレフェリーに対して使います。(濵)

bastard
（バースタード）
名 野郎

You bastard!「このクソ野郎!」のように使われます（日常会話やTOEIC、ビジネス英語ではもちろん使われません）。(濵)

bias
（バイアス）
名 不公平でひどい判断

名詞「偏見」「先入観」、動詞「〜に偏見を抱かせる」としてよく使われます。レフェリーがどちらかに加担したという判断をした際などに用いられる単語です。(濵)／色メガネで物を見る、すなわち偏った物の見方をすること。(ず)

bollocks
（ボロクス）
名 でたらめなこと、くだらないこと

イギリス英語のスラングで「ばかげたことだ」「ナンセンスだ」という意味を表します。the dog's bollocks で、逆に「最高のものだ」という意味にもなります。(濵)／主にロンドンや南イギリスの言葉。ザック選手がよく使っていますね。(ク)

Bring it on!
（ブリンギットン）
熟 かかってこい!

親指を上に向けながら言うセリフです。I'm not scared, bring it on!「お前上等だよ、かかってこい!」(濵)／同じ「かかってこい!」でも Come at me! は特定の相手に使います。(ク)

Come on!
（カモン）
熟 どうした!

自分の掛けた技を食らってへたり込んでいる相手に対して「オラ、もっと来いよ!」といった感じで使うことが多いです。「まだまだやれるんだろ?」という挑発を込めて使われます。(濵)

competition
（コンペティション）
名 競争

動詞compete「競い合う」は compete with 〜「〜と競い合う」という形でよく使われます。名詞のcompetition「競争」もTOEICなどでは頻出です。(濵)

conspiracy
（コンスピラシー）
名 陰謀

Their conspiracy has come to light.「ヤツらの陰謀が明るみに出た」のように使います。ヒールユニットの行いに対してよく使われる単語です。(濵)／ファレ選手がよく使いますね。(ク)

crush
（クラッシュ）
動 押しつぶす

他動詞「〜を押しつぶす」、名詞「押しつぶすこと」
という意味で使われます。**have a crush on 〜**「〜
に熱を上げる」という使い方もあります。（濵）／
I got crush on him! で、「彼を好きになっちゃっ
た！」です。（ず）

Damn!
（ダム）
間 チクショウ!

Damn! だけでも通じますが、**Damn it!** や **Damn it
all!** と表現されることも多いです。日本語で言う「ク
ソっ！」や「しまった！」に当たります。（濵）

devote my life
（デボート・マイ・ライフ）
熟 人生をささげる

TOEIC などでは **be devoted to** ＋ 名詞の形で「〜
に専念する」という意味で頻出です。この場合 to
の後ろには名詞か動名詞が続くのがポイントです。
（濵）

disappointed in myself
（ディサポインティド・イン・マイセルフ）
熟 自分にガッカリしている

disappoint は「〜を失望させる」という意味の他
動詞です。主語が何かに失望することを表す場合
には **be disappointed at/in** を使います。（濵）／
若手選手が負けた後によく使いますね（ク）

Disgusting!
（ディスガスティング）
熟 ヘドが出る!

動詞の disgust は「〜の気分を悪くさせる」という
意味の他動詞です。**be disgusted by 〜** で「〜に
嫌気が差す」という意味で使われます。（濵）

dominate
（ドミネート）
動 支配する、圧倒する

名詞の dominator「支配者」は、グレート -O- カー
ン選手の異名です。また、派生語の dominion「統
治」は、初夏の大阪で行われるビッグマッチの大会
名となっています。（濵）

end your career
（エンド・ヨー・カリア）
熟 オマエの選手生命を終わらせる

「この試合でお前を終わらせる」という脅し文句。
Your career will most surely end.「お前の選手生
命はまず間違いなく終わるだろう」（濵）／息の根
を止めてやる！ってヤツですね。（ず）

energy
（エナジー）
名 エネルギー

棚橋選手の以前の入場テーマ曲名は **High Energy**
でしたね。energy の発音は「エナジー」なので注
意してください。（濵）／**Energy!** とだけ叫ぶと、「も
っとやれ！」とか「力を出せ！」という意味です。（ず）

experienced
（エクスピアリアンスト）
形 経験豊富な

「経験豊富な」はこの単語以外にも seasoned を
一緒に覚えておくと良いでしょう。experienced
wrestler「経験豊富なレスラー」のように使うこと
が多いです。（濵）／若くても経験豊富なレスラー
にも使います。（ず）

fail
（フェール）
動 失敗する、しくじる

fail は「失敗する」という自動詞としてよく使われます。**fail to do** で「〜し損ねる」という意味になります。(濵)

first in line
（ファースト・イン・ライン）
熟 一番に挑戦する

ベルトを獲得した新チャンピオンが一夜明け会見で初防衛の相手について話す時などに出てくる言葉。**He is first in line.**「彼は（ベルト挑戦）行列の一番前にいる」、すなわち「最初に挑戦する権利がある」という言い方。(ず)

focus on
（フォーカスオン）
熟 〜に集中する

セカンドの選手などが**Focus!**「集中しろ！」と声を掛ける場面があります。(濵)／ビッグマッチ前の選手に「この試合に勝ったら誰とやりたいか？」と聞くと「今は目前に迫った試合だけに集中している」と返ってくることが多いですね。(ず)

frustrate
（フラストレート）
動 イライラさせる

frustrate は「〜をイライラさせる」という意味の他動詞なので「主語がイライラする」場合には **be frustrated at 〜**「〜にイライラする」という受動態を使って表します。(濵)

get better
（ゲット・ベター）
熟 良い方向に向かう

「（病状などが）良くなっていく」際に非常によく使われる表現です。**get** は「〜を手に入れる」という意味でよく使われますが、基本は「変化をする」という意味合いを持つ単語です。(濵)

Get off me!
（ゲットフ・ミー）
熟 離せ！

get off は「（乗り物などから）降りる」という意味でよく使われますが、「〜から離れる」「〜を取り除く」という意味でも非常によく用いられます。(濵)／乱闘時に止めに入る相手に向けても使われます。(ク)

Get ready!
（ゲット・レッディー）
熟 覚悟しろ！

I'm ready. も「準備はできている」と訳されている事が多いですが、「既に臨戦態勢だ」「いつでもかかって来い！」位に訳したいコメントです。**Get ready!** も「首洗って待っとけ！」とかね。格闘技だと強めの訳し方がちです。(ず)

get stronger
（ゲット・ストロンガー）
熟 強くなる

get＋形容詞で「〜の状態になる」を表します。(濵)／better と stronger はスポーツだと特に近い意味で使う事が多いです。より良くなる＝より強くなる。(ず)

go nuts
（ゴー・ナッツ）
熟 狂う

I went nuts! は「超盛り上がった！」Are you nuts? は「お前頭おかしくなったの？」(ず)／根性の意味もあります。Come at me, if you have the nuts!「根性あればかかってこい！」(ク)

go through
（ゴー・スルー）
熟 勝ち進む

「通り抜けて行く」という意味が転じて「勝ち進む」という意味になっています。TOEICでは「（つらいことなどを）経験する」という意味で頻出する表現です。（濵）

Goddamn!
（ゴッダム）
間 チクショウ！

Damn! だけでも「チキショー！」「この野郎！」という意味になります。日本語では「ガッデム！」（蝶野正洋選手の決めぜりふ）と表記されるのを見たことがある方も多いはずです。（濵）／宗教を気にする人は言わなかったりします。（ず）

hate
（ヘート）
動 〜を嫌う

I hate you!「お前なんか大っ嫌いだ！」という使い方をよくされます。hate doing で「〜することは大嫌いだ」という意味になります。（濵）／憎むに近い嫌い方。「愛憎」は love and hate。（ず）

hold back
（ホールド・バック）
熟 足を引っ張る

hold someone back で「人の足を引っ張る」という意味です。（ク）／自分の気持ちを抑え込む時にも I'm holding back my emotion という言い方をします。（ず）

idiot
（イディアト）
名 バカ

非常に侮辱的な単語です。誰にでもできることを相手に伝える際に、Any idiot can do that.「どんなバカにでもそれならできる」と表します。（濵）／人に対していう言葉。バカげた話などの時は stupid を使います。（ず）

instinct
（インスティンクト）
名 直感、本能

Instinct told me that the opponent was dangerous.「相手選手が危険だということが本能的にわかった」。（濵）／killer instinct で「殺傷本能」。（ず）

insult
（インサルト）
名 屈辱

動詞も同形で「〜を侮辱する」という意味になります。insult each other「お互いにののしり合う」、insult exchange「ののしり合い」もよく使われます。（濵）

intense
（インテンス）
形 激しい

intense anger「激しい怒り」、intense atmosphere「緊迫した空気」のように使われます。（濵）／内容が濃い、集中力の高い試合なども intense を使います。（ず）

keep progressing
（キープ・プログレシング）
熟 成長し続ける

keep doing で「〜し続ける」という意味を表すことができます。これは TOEIC やビジネス英語だけでなく、日常表現の中でも頻出の表現です。（濵）

kick your ass
（キック・ヨー・アス）

🔲 オマエをボコボコにする

直訳すると「オマエのケツを蹴る」です。この表現は良い意味でも使うことができます。(濵)／Kickass! で「最高！」。That was a kickass match!「最高の試合だった！」をよく使います。(ク)

legit
（レジット）

🔲 本物

legitimate「合法の」「ちゃんとした」「本物の」の省略形で、名詞では「本物」という意味を表します。I have a legit broken nose.「オレの鼻は本当に壊れている」(濵)

make no difference
（メーク・ノー・ディフランス）

🔲 大した問題じゃない

It makes no difference to me.「俺にとってはどちらでもいい」のように使います。make a difference to one's life「〜の人生に影響を及ぼす」。(濵)

moron
（モーロン）

🔲 バカ

idiot「バカ」と同じく、「能なし」「バカ」を表す、普通の生活においては使うべきではない典型的な単語です。使用する際はくれぐれもご注意ください。(濵)／ idiot や stupid と区別するためにマヌケと訳す事が多い言葉です。(ず)

nasty
（ナースティー）

🔲 不快な

「不快な」「性格の悪い」という意味の形容詞です。nasty fellow「嫌なヤツ」のように使います。(濵)／「ヤバい・エグい」のようにポジティブな意味で使う事も。That kick was nasty!は「あのキックはヤバかった！」など。(ず)

no idea
（ノー・アイディア）

🔲 わからない

質問に対して答えようのない場合に I have no idea.「私にはわかりません」のように非常によく使われる表現です。I have no idea what to do.「自分にはどうすればいいかわからない」(濵)

No way!
（ノー・ウェー）

🔲 マジで嫌だ！

「強い否定」や「強い不信」を表す場合に非常によく用いられる表現です。プロレスだけでなく、映画やドラマなどでも超頻出の表現です。(濵)

not over
（ノットォーバー）

🔲 まだ終わりじゃない

It's not over yet!「まだ終わっていない！」は負けた選手からよく聞くセリフ。そこから、I'll get revenge on you!「リベンジしてやる！」の流れもありますね。(ず)

opportunity
（オポトユーニティー）

🔲 チャンス

日本語ではよく「機会」という訳をされがちですが、基本的に「良い意味」を表す単語です。opportunity for 〜 で「〜の機会（チャンス）」を表します。(濵)

pain
（ペーン）

名 鋭い痛み

クリス・ジェリコ選手がオカダ・カズチカ選手（Rainmaker）に挑戦した際に、自らを Painmaker「痛みを与える者」と名乗って挑発しました。(濵)／ache は「我慢できる痛み」agony は「すごく苦しい痛み」という意味で使われます。(ク)

pissed off
（ピストフ）

熟 むしゃくしゃする

「めちゃくちゃ怒っている」、命令文で使う場合は「出ていけ！」という意味。(ず)／pissed だけでもアメリカ英語は「怒っている」ですが、イギリス英語では「酔っている」となるので要注意。全然意味が違います！(ク)

pointless
（ポイントレス）

形 意味のない、無駄な

point「要点」が less「無い」、つまり「意味のない」「無駄な」という意味を表す単語です。pointless battle「無意味な戦い」、pointless effort「無駄骨」。(濵)

prove
（プルーブ）

動 〜を証明する

戦うプロレスラーたちは自分の強さを証明し続けないといけないんですよね。なので本当に頻発する言葉です。I have to prove myself ... I have to prove the world ... などよく耳にします。(ず)

put on the line
（プットン・ザ・ライン）

熟 全てを賭ける

line は「境界線」や「限界」という意味を持つ単語です。「限界に（全てを）置く」、そこから転じて「全てを懸ける」という意味を表します。put everything on the line「全力で立ち向かう」も頻出です。(濵)

rely on
（リライ・オン）

熟 頼りにする

同義表現として、depend on, count on, look to など。いずれも TOEIC でも頻出です。(濵)／I relied on you too much ...「お前に頼りすぎてしまった」。タッグでの敗戦後に使われるかも!?(ず)

respect
（リスペクト）

名 リスペクト

Blood. Sweat. Respect.「血と汗を流した者だけが尊敬を得られる」という格言を残した、元プロレスラーのハリウッドスターがいます。(濵)／「尊敬」だと少し重たいので、「リスペクト」とカタカナで使われることが多いです。(ク)

revenge
（リベンジ）

名 リベンジ

「復讐」。「報復」は retaliation。個人的な復讐だけでなく、仲間のために revenge する事もありますね。(ず)

shift gears
（シフト・ギアズ）

熟 ギアを高速にする

元々は「（車の）ギアをチェンジする」という意味ですが、転じて「（攻撃のレベルや試合への入れ込み度合いを）高いレベルに変える」という意味を表します。(濵)

124

shit
（シット）

名 クソ

「ウンチ」。piece of shit は直訳すると「ウンコのカケラ」。**ケニー・オメガ選手**の会見では「ポンコツ野郎」と訳しました。(ず) ※詳しくはp.114に！

Shut up!
（シャラップ）

熟 黙れ！

You shut up!「お前は黙っていろ！」もよく使われます。「口を下から上にかけてファスナーで閉じる」イメージの表現です。shut は「〜を閉じる」、名詞 shutter は「シャッター」です。(濵)

sick of
（シック・オブ）

熟 うんざりして

be sick of 〜 で「〜にうんざりしている」という意味になります。I'm sick of answering your questions!「オメエの質問に答えるのはウンザリだぜ！」。(濵)

strength
（ストレングス）

名 力

What is your strength? は「あなたの強み・特技は？」という質問。特技は specialty とも言いますが、strength と聞くと大体特技も教えてくれます。(ず)

strip
（ストリップ）

動 引きはがす

ベルトをはぎ取られちゃう印象です。ラスベガスのメイン通りの名前もストリップ。「ストリップに行こう」と言われビックリしたことも。(ず)

stupid
（ストユーピッド）

名 バカ

子供でも大人でも使う幅広い言葉で、英語の悪口として認知度No.1でしょう。You stupid son of a bitch. という形で挑発に使われますが、個人的に son of a bitch は「お前の母ちゃん出べソ！」を連想します。(ず)

talented
（タレンティド）

形 才能のある

He's the most talented wrestler that I have ever coached.「彼は私が今まで指導したレスラーの中で最も才能のあるレスラーだ」。(濵)

toughness
（タフネス）

名 タフネス

最近は身体的なタフさと同時に精神的な強靱さ、メンタルタフネスという言葉もよく聞くようになりましたね。(ず)

you guys
（ユー・ガイズ）

名 お前ら、君たち

guy「男」という語を使ってはいますが、女性に対しても使われる表現です。「お前ら」という場合だけでなく「あなたたち」というフレンドリーな声がけをする際にも使われます。(濵)／dude (s) は男性オンリーなので要注意です。(ず)

amazing
（アメージング）
形 素晴らしい

実況しているアナウンサーがよく発する単語です。動詞 amaze は「〜を仰天させる」という意味の他動詞です。（濵）／素晴らしいと言いがちで、語彙力の無さを痛感する事しばし。褒める言葉のバリエーションを増やしたいです。（ず）

accurate
（アキュレート）
形 正確な

正確な打撃による攻撃を、**strike intended parts with pinpoint accuracy**「狙った場所をピンポイントの正確さを持って攻撃する」のように表します。（濵）

achievement
（アチーブメント）
名 実績

「結果」「業績」「功績」を表す名詞です。動詞 achieve「〜を達成する」も頻出です。**achievement of a purpose**「目標の達成」（濵）

agility
（アジリティー）
名 身軽さ

amazing agility「驚くべき身軽さ」のように人に対する機敏さを表すだけでなく、**business agility**「企業の機敏性」という使い方もあります。（濵）

aggressive
（アグレシブ）
形 がむしゃらな、攻撃的な

対義語は passive「消極的な」や defensive「防御的な」です。（濵）／知人のスペイン語通訳さんが、スペイン語のアグレッシブに当たる言葉を「好戦的」と訳していらして、品があるなと思い、その後しばらくまねしていました。（ず）

ambush
（アンブッシュ）
動 待ち伏せして襲う

「アポなしで行うインタビュー」のことを **ambush interview** と表します。「奇襲」、「待ち伏せ攻撃」という名詞としても使われます。（濵）

appear
（アピア）
動 現れる

名詞は **appearance**「登場」です。**appear to do** で「〜するように見える」という意味を表し、類義表現の **seem to do** と共に TOEIC などでは頻出の表現です。（濵）

arrogance
（アロガンス）
名 傲慢さ

What arrogance!「なんだ、あの態度は！」のように使います。形容詞 **arrogant**「傲慢な」も押さえておいてください。**attitude of arrogance**「傲慢な態度」。（濵）

backstage
（バックステージ）
名 バックステージ

試合後に選手インタビューが行われる場のことです。ここで繰り広げられるやり取りが、次の試合やシリーズへの展開に繋がることが多いです。ジェイ・ホワイト選手やザック・セイバーJr.選手のバックステージは英語学習者必見です。（濵）

barely
（ベアリー）
副 ぎりぎり

同義語として scarcely「ほとんど〜ない」があります。形容詞の bare は「裸の」という意味があり、bare knuckle は「素手」を表します。（濵）

biting
（バイティング）
名 かみつき

BULLET CLUB の高橋裕二郎選手が、試合序盤で形勢逆転を狙う際によく使います。もちろん反則なので、5カウント以内にやめなくてはなりません。（濵）

bloody
（ブラッディー）
形 血だらけ

「流血戦」のことを bloody fight と言います。（濵）／イギリスでは f*** の代わりに使う言葉。ザックやオスプレイのコメントにたくさん出てきます。（ず）

bout
（バウト）
名 戦い

best bout「最高の試合」という表現がよく使われます。clean bout「クリーンな試合」、close bout「接戦」も実況では頻出です。（濵）／会場に行くと渡される対戦カードが書いてある紙を bout sheet と言います。（ず）

breaking news
（ブレーキング・ニューズ）
名 ニュース速報

breaking には「最新の」「割って入った」という意味があります。report breaking news「ニュース速報を行う」のように使われます。（濵）／「ネタバレ注意」は spoiler alert。（ず）

briefcase
（ブリーフケース）
名 権利証

briefcase 自体には「書類カバン」という意味があり、TOEIC などでも頻出です。G1 CLIMAX の覇者が「王者への挑戦権利証」として手にできるアタッシュケースのことを指します。（濵）

brutal
（ブルータル）
形 残酷な

brutal attack「残酷な攻撃」、brutal battle「容赦のない闘い」のように使われます。また「交通の便が悪い」ことを The traffic is brutal. と表すこともできます。（濵）

chair shot
（チェア・ショット）
名 椅子攻撃

鈴木みのる選手が試合後にヤングライオンに対して行う chair shot が印象的です、あまりにも hard-hitting「容赦しない」、ちなみに「パイプ椅子」は steel chair です。（濵）／絶対にやってはいけません！（ず）

chop battle
（チョップ・バトル）
名 チョップ合戦

あまりにもすさまじい打ち合いであれば、insane chop battle「常軌を逸したチョップ合戦」のように表現されます。insane は「正気とは思えない」という意味の形容詞です。（濵）

confident
（コンフィデント）
形 信用、自信

How confident are you?「自信の程は？」という質問、ファイター、レスラーの方々に何百回も聞きました。(ず)

desperate
（デスペレート）
形 必死の

副詞の **desperately**「必死に」も頻出、名詞の **desperado** は「ならずもの」「無法者」という意味で、これはスペイン語ではなく英語です。(濵)

division
（ディビジョン）
名 部門

動詞の divide「〜を分ける」は TOEIC などでも頻出、**divide A with B** で「A を B と分ける」。(濵)／**Junior Heavyweight division** など階級や試合形式を表すのに使用します。(ク)

dump
（ダンプ）
動 〜を勢いよく投げ捨てる

dump には「〜を投げ捨てる」という意味がありますが、「(恋人を)振る」という意味でもよく使われます。類義語の **whip**「投げる」は **arm whip**「アームホイップ」でおなじみですね。(濵)

eligible
（エリジブル）
形 ふさわしい、適格

be eligible for 〜「〜の資格がある」は TOEIC などでもよく使われます。類義表現の **be entitled to do**「〜する資格がある」も一緒に覚えておくと良いでしょう。(濵)

escape
（エスケープ）
動 脱出する

関節技を食らったときは **rope escape**「ロープ・エスケープ」からの仕切り直しを狙うのが基本です。**escape** は自動詞「逃げる」、他動詞「(状況を)脱出する」、そして名詞「脱出」の意味があります。(濵)

excursion
（エクスカーション）
名 遠征

excursion 自体には「小旅行」「遠足」という意味があります。**make an excursion to** で「〜への遠征を行う」という意味を表します。(濵)／「海外武者修行」も「地方遠征」も「修学旅行」も **excursion**。おもしろいですね。(ず)

exhausted
（エグゾースティド）
形 グロッキーな、疲れ果てた

動詞は **exhaust**「〜を疲れさせる」です。主語が疲れていることを表すには受動態の **be exhausted**「疲れ果てている」を使って表します。(濵)

eye poke
（アイ・ポーク）
名 目つぶし

poke には動詞「突く」という意味があり、**poker** は「突く人」、トランプのポーカーも同じ単語です。ヒールレスラーが人さし指と中指の2本を使って行います。(濵)／絶対にやってはいけません！(ず)

feature
（フィーチャー）
動 主役にする

「〜を呼び物にする」「〜を主役にする」という意味で使われ、TOEIC などでも頻出の単語です。(濱)／日本でもカタカナで使われる事が増えましたが、フューチャーと言っている人多数。正しくはフィーチャーです。(ず)

feud
（フュード）
名 遺恨

「不和」「抗争」「確執」を表す単語です。**feud between A and B**「A と B の間にある確執」、**be in a feud with**「〜との不和」のように使われます。(濱)

fighting spirit
（ファイティング・スピリット）
名 闘魂、闘争心

awake「〜を呼び覚ます」、**increase**「〜を燃やす（増やす）」、**raise**「〜をかき立てる」などの動詞とセットで使われることが多いです。(濱)／内なる強さの事をサムライ・スピリットと言う人いますね。(ず)

form an alliance
（フォーム・アン・アライアンス）
熟 同盟を結ぶ

form は「〜を形作る」、**alliance** は「同盟」、「派閥」を表します。**form an alliance with 〜**「〜と協力関係を築く」(濱)

full house
（フル・ハウス）
名 完売

sold out と同じ意味ですが、フルハウスと言ったほうがネイティブっぽいです。**Thank you for giving us a full house!** は、「完売ありがとう！」と言う意味。(ず)

furious
（フュアリアス）
形 激怒した

be furious about 〜 で「〜に怒り狂う」という意味になります。名詞 **fury**「怒り」も押さえておいてください。**a furious argument**「すさまじい争い」(濱)

get over
（ゲットォーバー）
熟 人気になる、乗り越える

get は「変化」、**over** は「越える」という意味を持つため、**get over** で「（人気のない状態から）人気のある状態になる」という意味を表します。TOEIC などでは「〜を乗り越える」という意味で頻出です。(濱)

give 〜 a shot
（ギブァー・ショット）
熟 挑戦権を与える

give someone a shot at 〜 で「人に〜の機会を与える」という意味になります。(濱)／自ら挑戦表明するときは、選手が **I'm calling my own shots.** と言います。(ク)

hard-hitting
（ハード・ヒティング）
形 当たりの強い

「激しい試合」のことを **hard-hitting match** と表します。新日本プロレスでは鷹木選手や石井選手などの試合は **hard-hitting** ですね。(濱)

high-flying
（ハイ・フライーング）
形 飛び技主体の

「飛び技」（空中戦）を得意とする選手に対して使われる表現です。ビジネス英語では high flying company「非常に業績の良い会社」のように使われます。(濵)

highly anticipated
（ハイリー・アンティシペーティド）
熟 期待度の高い

直訳すると「非常に期待されている」という意味です。highly は「非常に」という意味の副詞で、形容詞の状態や地位、評価などを強めます。(濵)

huge step
（ヒュージ・ステップ）
熟 大きな一歩

内藤選手の言う「一歩踏み出す勇気」は courage to take a step と表します。(濵)／「さらに大きく飛躍する」は、leap を使います。カエルが「跳ねる」の leap です。(ず)

impressive
（インプレシブ）
形 印象に残る

very impressive で「とても見事だ」という意味になります。His wrestling style is very impressive.「彼のレスリングスタイルは非常に印象に残る」。(濵)

inches away
（インチェズ・アウェー）
熟 あと少し

1インチは2.54cm です。He is positioned inches away from the rope.「彼はロープまであと少しです」。(濵)

incredible
（インクレディブル）
形 信じられない

Incredible!「信じられない！」のように単語単体で使うことができます。The wrestler has incredible strength.「そのレスラーは信じられないくらい力が強い」。(濵)

interfere
（インタフィア）
動 介入する

interfere with で「〜に介入する」という意味になります。名詞形は interference「妨害」で、野球などの他のスポーツでも使われる用語です。(濵)

iron man
（アイオン・マン）
名 鉄人

文字通り「鉄人」を表す表現です。イングランドのヘヴィメタル・バンド、ブラック・サバスの曲名でもあり、某有名タッグチームの入場曲でもありました。(濵)／「鉄の拳」は iron fist (アイアン・フィスト)。(ず)

locker room
（ロカー・ルーム）
名 控室

「更衣室」「控室」を表す表現です。locker-room conversation「下品な会話」という表現も押さえておいてください。(濵)

low blow
（ローブロー）

名 急所攻撃

レフェリーのスキをついて、自分の後ろにいる相手選手の股間を足で蹴り上げるパターンと、相手選手の背後から前腕部を使ってカチ上げるパターンが見受けられます。（濵）／想像しかできませんが、かなり痛いと聞きます。（ず）

lucha libre
（ルチャリブレ）

名 ルチャリブレ

メキシコにおけるプロレスの呼称です。スペイン語で「自由な戦い」という意味を表します。メキシコのレスラーは luchador「ルチャドール」と呼ばれます。（濵）／llave（ジャベ）、tope（トペ）等、英語でも日本語でも浸透しています。（ク）

make a statement
（メーク・ア・ステートメント）

熟 自己主張する

選手がマイクパフォーマンスなどでI made a statement tonight と言う事があります。これは「今日の試合で自分の実力を見せた、もっと上の選手と試合がしたい」というアピールです。（ず）

meet & greet
（ミート・アンド・グリート）

名 サイン会

日本人スタッフの間で「ミーグリ」と言う略語を使っていましたが、今はファンの間でもミーグリと言う人がいますね。（ず）／コロナ禍では、Online Meet and Greet が増えています！（ク）

mixed martial arts
（ミクスト・マーシャル・アーツ）

名 総合格闘技

総合格闘技のことで、略してMMA と呼ばれることが多いです。プロレスだけでなくMMA でも顕著な実績を出してきたプロレスラーはたくさんいます。（濵）

momentum
（モメンタム）

名 勢い

He lost momentum after last week's title match.「彼は先週のタイトルマッチの後で勢いを失った」（濵）

near fall
（ニア・フォール）

熟 ギリギリで返す

fall「スリーカウントのフォールを取ること」に near「近い」、つまり、「ギリギリでスリーカウントを取られずにカバーを返す」ことを表す表現です。（濵）

neglected
（ネグレクティド）

形 無視された

動詞 neglect「～を無視する」「～をほったらかす」の過去分詞が形容詞に転じたものです。（濵）／neglect to は、「～しない」neglect to comment で「コメントしない」。（ク）

on notice
（オン・ノーティス）

熟 警告

You are on notice.「これは警告だ」のように使われます。notice「通知」が on「くっ付いている」状態になっていますよ、という意味を表す表現です。（濵）

prestige
（プレスティージ）

名 名声

「敬意」「尊敬」、そして「名声」などを表す単語です。prestige college「名門大学」、prestige brand「高級ブランド」、prestige paper「有力紙」のように使われます。（濵）

prominent
（プロミネント）

形 圧倒的な

TOEICなどでは「著名な」という意味でよく使われます。He is a prominent wrestler.「彼は著名なレスラーです」。（濵）

referee attack
（レフェリー・アタック）

名 レフェリー暴行

名詞＋名詞から成る複合名詞です。attack は「〜を襲う」という動詞としても使われ、be attacked by で「〜に襲われる」という意味を表します。（濵）

remarkable
（レマーカブル）

形 注目に値する

remarkable accomplishment「見事な快挙」、remarkable achievement「素晴らしい業績」、remarkable career「優れた経歴」のように使われます。（濵）

score
（スコア）

名 成績

新日本プロレスのオープニングテーマである「The Score」はイギリスのプログレバンドであるエマーソン・レイク・アンド・パウエルの楽曲です。（濵）

screw
（スクルー）

動 裏切る

Dragon Screw「ドラゴン・スクリュー」で使われている「ひとひねり」という意味や「〜をねじ込む」という動詞としても使われます。（濵）／I'm screwed. で「私は混乱している」、screwed up は「めちゃくちゃ」という意味。（ず）

secure a championship
（セキュア・アー・チャンピアンシップ）

熟 挑戦権を手に入れる

secure は「〜を確保する」「〜を固定する」という意味でよく使われ「不安のない」という意味の形容詞としても用いられます。名詞は security「安全」です。（濵）

step in the ring
（ステップ・イン・ザ・リング）

熟 リングに上がる

step in は「〜に足を踏み入れる」という意味です。（濵）／The moment I stepped in the ring ...「一歩リングに足を踏み入れた瞬間から（俺は別人になる等）」みたいなセリフをよく聞きます。（ず）

stiff
（スティフ）

形 強烈な

元々は「固い」という意味を表す単語です。日本語で「カタい一撃が入った」のように使われますよね。（濵）／「強烈な打撃」は stiff strikes。（ク）／stiff shoulder だと「肩こり」。（ず）

strong style
（ストロング・スタイル）
名 ストロング・スタイル

新日本プロレス創始者の**アントニオ猪木**が繰り広げる、高度な技術をベースとした闘魂みなぎるファイトを表した言葉です。新日本伝統のスタイルとして代々受け継がれ、黒のショートタイツとリングシューズはその象徴とされています。（濵）

suffer an injury
（サファー・アン・インジュリー）
熟 ケガに苦しむ

suffer an injury to one's leg「脚を負傷する」のように使います。「軽傷」は**minor injury**、「重傷」は**severe injury** と表します。（濵）

takedown
（テークダウン）
名 テイクダウン

takedown は1語の名詞です。立っている相手をグラウンドに倒すこと、もしくはその技術のことを指します。**take down** にすると「〜を降ろす」という意味になってしまいます。（濵）

title shot
（タイトル・ショット）
名 タイトル挑戦権

shot は「撃つこと」。title「タイトル」を「撃つこと」、つまりタイトルを狙うことを表すので「タイトル挑戦権」という意味になるのです。（濵）／ **belt shot** だと「ベルト自体での攻撃」なので、**title shot** とかなり違います！（ク）

vacate the title
（バケート・ザ・タイトル）
熟 王座を返還する

vacate には「〜を明け渡す」「〜を立ち退く」という意味があり、TOEICなどでも頻出です。名詞の**vacation**「休暇」は日本人にもなじみの単語ですね。（濵）／「空位にする」という訳し方もあります。（ず）

vicious outsider
（ビシャス・アウツァイダー）
名 外敵

vicious は「悪意のある」という意味の形容詞、**outsider** は「外部の者」という意味の名詞です。他団体から挑戦してくるヒールレスラー（ヒール・ユニット）に対してよく使われる表現です。（濵）

Wait a minute!
（ウェイト・ア・ミニット）
熟 ちょっと待った!

Wait a second!「ちょっと待った！」とも表されます。minute は「分」、second は「秒」ですが、いずれも「短いわずかな時間」という意味で使われています。（濵）

warning
（ウォーニング）
名 警告

動詞 warn「〜に警告する」もよく使われます。**warn somebody to stop doing**「人に〜するのを中止するように呼びかける」（濵）／「口頭注意」は**verbal warning**。（ず）

What the hell!
（ホワット・ザ・ヘル）
熟 何てこった!

驚きや怒り、困惑を表す表現です。**What the hell are you doing?**「オマエは一体何をやってるんだよ」のように、後ろに疑問文を続けて使われることも多いです。（濵）

4 応援の英語

autograph
（オートグラフ）
名 サイン

サインでも通じますが、**signature**は「署名」に近いので、有名人からサインをもらう時は"**Can I have your autograph?**"とお願いした方がネイティブっぽいです。**auto**には「自己」、**graph**には「書いた物」という意味があります。（ず）

boo
（ブー）
動 ブーイングをする

「（反対や不満を表す）ブー（という発声）」も表します。**His action was booed.**「彼の行動にはブーイングが巻き起こった」のように使われます。（濵）／「ブーイングされた」は**I got booed.**「ブーイングした」は**I booed someone.**（ず）

call
（コール）
動 名前を呼ぶ

call A B「AをBと呼ぶ」の形で非常によく使われます。**We call him the Best Bout Machine.**「私たちは彼をベストバウトマシーンと呼びます」。（濵）／ **call out someone** で「〜に対戦要求する」。（ず）

chant
（チャーント）
動 リズムにあわせて応援する

「チャン・チャン・チャチャチャン！**Let's go ○○〜！**」という、アメリカで行われるプロレスにおいてはおなじみの応援方法です。**chant**自体には「（単調なリズムで）繰り返し歌う」という意味があります。（濵）

cheer
（チア）
動 応援する

「私の推しは誰々です」と言う時は**I'm rooting for someone.**です。「応援してます！」と選手に言う時も**I'm rooting for you!**と言います。（ず）

fav
（ファブ）
名 推し

favoriteの略です。**Gotta get my fav's merch!**で「推しのグッズ買わないと！」。**merch**は**merchandise**の口語で「グッズ」です。（ず）

Fight forever!
（ファイト・フォエバー）
熟 戦いよ、永遠なれ！

激しく素晴らしい内容の試合・闘いに対して贈る表現です。**forever**は**forever and ever**や**forever and a day**という表現を使って強調されることがしばしばあります。（濵）

global popularity
（グローバル・ポピュラリティー）
熟 世界的な人気

globalは「世界的な」という意味の形容詞、**globally**は「世界的に」という意味の副詞、そして**globe**は「地球」という意味の名詞です。**popularity**の形容詞形**popular**「人気がある」は頻出。（濵）

heat
（ヒート）
動 ブーイングを受ける

heat自体は名詞「熱」、動詞「〜を熱くする」という意味で使われるのですが、スラングで「批判（を受ける）」「非難（される）」という意味でも使われ、そこから「ブーイングを受ける」という意味も生じるようになりました。（濵）

Holy shit!
(ホーリー・シット)
熟 最高だ!

白熱の好勝負が展開されている場合などに観客から巻き起こる chant です。holy は「神聖な」、shit はスラングで「最高のもの」という意味です。(濱)／holy も god もキリスト教の言葉。アメリカなど英語圏の文化が見えますね。(ず)

hype
(ハイプ)
名 ファンの期待

hype には「〜を誇大に宣伝する」という意味や「誇大広告」という意味があります。empty hype は「ただの期待外れ（なヤツ）」(濱)／I'm hyped. は「めちゃめちゃワクワクしている」。I'm excited. よりもワクワク度が高いです。(ず)

Let's go XX
(レッツ・ゴー・XX)
熟 行けXX

応援するレスラーが反撃に転じるときや攻勢な場面において使われるチャントです。「Let's go Naito! チャン・チャン・チャチャチャン（手拍子）」といった感じで応援します。(濱)／「行こうよ!」にも、「がんばれ!」にもなる便利用語。(ず)

pop
(ポップ)
動 盛り上がる

「飛び出す」「音がする」から転じて「（会場が）盛り上がる」という意味を持つようになった単語です。popular「人気のある」が短縮された形としてもよく使われます。(濱)

This is awesome!
(ジス・イズ・オーサム)
熟 超スゴイ!

激しく盛り上がっている試合の最中に繰り広げられる応援のチャントです。awesome は「素晴らしい」、「ものすごい」という意味を持つ形容詞です。「すごすぎる」場合は mega awesome とも表します。(濱)

You deserve it!
(ユー・デザーブィット)
熟 あなたはふさわしい!

deserve は「〜にふさわしい」という意味ですが、文脈によっては「自業自得だ」という意味にもなります。(濱)／本当によく出てくる表現。You deserve a title shot. は「君はタイトル挑戦にふさわしい」。(ず)

You suck!
(ユー・サック)
熟 最悪だ!

動詞の suck はスラングで「最悪だ」「とてもムカツク」のような意味を持ちます。(濱)／hype していたのに応援していた選手がふがいない負け方をするとファンは怒って You suck! って言ったりします。(ず)

Too sweet!
(トゥー・スウィート)
熟 最高すぎる!

sweet には「心地よい」、「すてきだ」という意味があり、too は形容詞を強めて「〜過ぎる」という意味を加える単語です。(濱)／BULLET CLUB のメンバーが試合の前後に手をキツネみたいにして、キツネの口の部分をくっつけるジェスチャー。(ず)

support
(サポート)
名 サポート

「ファンやセカンドなどの応援」という意味の他に、「サポートプレイヤー（注目されているわけではないけどチームプレイヤー）」という意味でも使われます。(ク)／Thanks for your support always. 「いつも応援ありがとう」。(ず)

5 プロレス上級英語

collision
（コリジョン）
名 衝突

動詞は collide「衝突する」。「～と衝突する」は collide against ～ や collide with ～ を使って表します。（濵）／アメリカ初の配信限定大会のタイトルが Lion's Break Collision でした。（ク）

destruction
（デストラクション）
名 破壊

派生語の動詞 destruct は「～を破壊する」という意味です。対義語の construct「～を建設する」（名詞 construction「建設」）と共に押さえておいてください。（濵）

determination
（デターミネーション）
名 意気込み

Tell us your determination for this match. と聞くと、試合への意気込みを話してもらえます（ず）／覚悟のニュアンスもあります。a determined look で「覚悟を決めた表情」。（ク）

dominion
（ドミニオン）
名 支配

新日本プロレスが夏に大阪で行うビッグマッチの名称。派生語として dominate「～を支配する」、dominator「支配者」などがあります。（濵）

glue guy
（グルー・ガイ）
名 誰とでも組める選手

glue は「接着剤」のことです。「接着剤が付いているかのように誰とでも良い感じでタッグを組める選手」のことを表します。「誰と組んでもハズレの試合をしない選手」とも言えますね。（濵）

goose bumps
（グース・バンプス）
名 鳥肌

「鳥肌が立つ」は get goose bumps や experience goose bumps と表します。（濵）／鳥肌の鳥はニワトリではなくガチョウ！日本人は鳥肌の事をチキンスキンと言いがちなので覚えておくといいと思います。（ず）

hot start
（ホット・スタート）
熟 試合の最初から盛り上がる

日本語だとホットは「熱い」「暑い」ばかりですが、英語としての hot は「セクシー」という意味でもあり、「からい」もホット。ここでは「盛り上がる」「反撃の始まり」など、とても幅広いですね。（ず）

hot tag
（ホッタグ）
熟 反撃のはじまり

hot は「熱い」「エネルギッシュな」という意味を持つ形容詞です。tag は「タッグマッチ」のことで、タッグを組んでいる2人が一気に反撃する様子を表しています。（濵）

jump start
（ジャンプ・スタート）
熟 ゴング前に襲撃する

jump 自体に「（物事を）勢いよく始める」という意味があるため、「最初から勢いよく攻撃する」から転じて「ゴング前から奇襲する」ことを表すようになりました。（濵）

resurgence
（リサージェンス）
名 復活

surge は「急上昇（する）」、接頭辞の re「再び」が ついて「再び急上昇する」、つまり「復活する」とい う意味になるのです。(濵)／1年半ぶりとなった アメリカでの有観客大会の名称が **Resurgence at the Torch** でした。(ク)

stab in the back
（スタブ・イン・ザ・バック）
熟 裏切る

stab には「（ナイフなどで）突き刺す」という意味 があるため、**stab in the back** で「背中を突き刺す」、 つまり「後ろから刺す」＝「裏切る」という意味を 表します。(濵)

stepping stone
（ステッピング・ストーン）
熟 踏み台

類義表現に「かませ犬」というプロレスでよく使わ れる表現がありますが、これは英語では **underdog** と表します。**underdog** には「敗残者」という意味 もあり、**loser** が同義語になります。(濵)

struggle
（ストラグル）
名 奮闘

新日本プロレスの夏のシリーズ名に SUMMER STRUGGLE「夏の闘争」があります。struggle は 「奮闘」「闘争」を表す名詞としての使い方だけで なく「奮闘する」「闘争する」という動詞としても 使われます。(濵)

tooth and nail
（トゥース・アンド・ネール）
熟 全力で

tooth は「歯」、nail は「爪」です。「かみ付こうが引 っかこうがあらゆる手段を尽くして」という意味 です。なりふり構わずできることは何でもやる、 ということですね。(濵)

turbulence
（タービュレンス）
名 大荒れ

turbulence は「乱気流」という意味を持ちますが、 そこから転じて「（感情の）動揺」や「（社会の）混乱」 という意味も表します。(濵)／ NJPW STRONG 内で実施のトーナメントの名称が、**Tag Team Turbulence** でした。(ク)

underdog
（アンダードッグ）
名 応援したくなる選手、かませ犬

underdog は「かませ犬」のことですが、「勝てそう にない人」という意味もあり、そこから転じて「（勝 てそうにないから）応援したくなる選手」という意 味を持つようになりました。(濵)

unleash
（アンリーシュ）
動 感情を解き放つ

犬を散歩させる際に使う綱のことを leash と言 いますが、「～を鎖でつなぐ」という意味の動詞 としても使われます。(濵)／ leash の対義語が unleash。人間は普段感情をリードに繋いでいる のかな？と思うと不思議な気持ちになります。(ず)

upset
（アップセット）
動 金星をあげる

upset には「（スポーツや選挙などで強い相手を） 番狂わせで倒す」という意味があります。(濵)／ **The House of Upsets**「番狂わせの館」と呼ばれる 会場がカリフォルニア州にあります。(ず)

カリスマ講師が教える！

新日本プロレスでTOEICスコアUP

新日本プロレス、大好きです！

　本書を手に取っていただき心より感謝申し上げます、濵﨑と申します。祖母の影響で小学生の頃からプロレスを観るようになり、中学生になってからは週刊で刊行されていたプロレス専門誌を購読。もちろん Team NJPW にも入っており、月に2〜3回は後楽園ホールを中心に生観戦しています。

　趣味で始めた TOEIC L&Rテスト（以下TOEIC）では990点満点を何十回も取ったことにより、英語に関連するお仕事をたくさんいただくようになりました。今回こうして大好きな新日本プロレスと英語学習を融合した本書の製作に関われたことに、心から感謝しております。

新日本プロレスを楽しみながら英語もできるようになろう！

　好きなことだからこそ楽しみながら力を付けることができるというのが僕の持論です。新日本プロレスには英語版の公式ホームページ、公式 YouTube チャンネル、公式 Podcast、そして公式 Twitter アカウントなどがあります。たとえば公式ホームページでは、日々最新のニュースが更新されており、同じ内容のニュースを日本語と英語の両方で読むことができるのです。日本語のページを読んで内容を理解し、その後に英語ページを読むようにするのがお勧めです。そこで使われている英語表現は決して難解なものばかりではなく、TOEICや英検に頻出の表現

も豊富です、好きなプロレスを通じて英語も学べるのは一石二鳥ですよね。

英語に慣れてきたらTOEICに是非挑戦を！

　新日本プロレスを英語でも楽しみつつ慣れてきたら、是非 TOEIC にも挑戦してみてください。TOEIC は就職や転職などをする際に最も有利に使える資格と言われており、高スコアを保持していれば何かと有利になる場合が多いです。

　初めて受験される方は、1冊総合対策書をお買い求めいただき、書籍に書かれている学習法に沿って学んでいかれると良いでしょう。大好きな新日本プロレスを英語でも楽しめるようになり、それをきっかけとして英語を聞き、読み、書き、そして話せるようになれたら、こんなに素晴らしいことはありませんよね。

おすすめのTOEIC対策用書籍

はじめて受ける
TOEIC L&Rテスト
全パート完全攻略
（アルク）

マンガで攻略！
はじめてのTOEICテスト
全パート対策
（西東社）

濵﨑潤之輔

TOEIC講師。TOEIC L&Rテスト990点以上を70回以上取得。著書『改訂版 中学校3年間の英語が1冊でしっかりわかる本』（かんき出版）など多数。監修した書籍も含めると累計70万部以上の実績を誇る。

撮影 中原義史

#01
Tanahashi
Hiroshi

Chapter5

モチベーションUP！
日本人レスラー
スペシャル
インタビュー

英語をテーマにした日本人レスラーのスペシャルインタビューを掲載。
やる気が出ないときに読めば、背中を力強く押してくれるはず！

#03
Kenta

#02
Shibata
Katsuyori

Tanahashi Hiroshi

棚橋弘至

撮影 中原義史

 I'd like to make New Japan restore one more time.

Jun: What kind of person are you as a professional wrestler —— for people who don't know?

Tanahashi: Tana character *wa* three point *kana*. Never tired. Never give up. Never mind. He's always fine. Yeah. So, I want to give **energy** and power to the wrestling fan *ne*. Yeah, for example, Tana is the sun *dane*.

Jun: The sun? Ooh, I like that. Yeah. Ha-ha. So, you're **constantly** giving energy to the people around you?

Tana: Yes.

Jun: NJPW, it is at a really good point right now. It's growing every day. But I'm sure that this is only the **beginning** for you. This is just the first of many, many steps that you see NJPW going. What is your **vision** of the Japanese professional wrestling? Where do you see NJPW in 5 or 10 years? What is your vision? Where is it gonna take you?

Tana: I did **restore** New Japan Pro-Wrestling one time. But, now New Japan Pro-Wres business is **getting down** by Corona. So, I'd like to make New Japan Pro-Wrestling restore one more time. Yeah.

Key Words & Phrases

energy 活力（→詳しくはp.120に）　constantly 絶えず、常に　beginning 始まり

忙しい日々の合間を縫って英語の学習をしているという棚橋選手。その手段は
Podcast！　棚橋選手の一番のオススメPodcast「Hapa英会話」のパーソナリティ
ー、Junさんを聞き手に英語インタビューを実施しました。全30分にわたって英語
のみで行われたインタビューのラストをここに収録！

Interviewer インタビュアー

Jun Senesac
ジュン・セニサック

アメリカ、ロサンゼルス出身の日米ハーフ。2014年2月にスタート
したPodcastの配信数は、3000万ダウンロードを突破。登録者47
万人を超える人気YouTubeチャンネル「Hapa英会話」など、さま
ざまなメディアを通じて多彩な英語学習コンテンツを提供中。

新日本をもう一度復活させたい

Jun　プロレスラーのあなたを知らない人にあなたのことを説明するとしたら、どん
な人だと言いますか？

棚橋　タナのキャラクターは、ポイントは3つかな。疲れない。諦めない。気にしない。
タナはいつでも元気。そう、だから、僕はいつでもプロレスファンにエネルギーとパ
ワーをあげたいと思っていて、ね。そう、例えば、タナは太陽だね。

Jun　太陽？　あー、それいいですね。ハハハ。つまり、あなたが周囲の人たちにエネ
ルギーを注ぎ続けているということ？

棚橋　はい。

Jun　新日本プロレスはとてもいい状態だと思います。日々拡大していて。しかし、
これはまだ始まりでしかないですよね。これから新日本プロレスが歩む長い道のりの
第一歩にすぎないはずです。日本のプロレスには、どのようなビジョンを持っていま
すか？　5年後、10年後、新日本プロレスはどうなっていると思いますか？　どんな
風景を思い浮かべていますか？　新日本プロレスはあなたをどこに導いてくれるでし
ょう？

棚橋　僕は一度新日本プロレスを再建しました。だけど今、コロナ禍で新日本の業績
は再び落ち込んでいます。だから、僕がもう一度新日本プロレスを復活させたいと思

---

vision 展望、構想　　restore 〜を復活させる　　get down 落ち込む

Jun: One more time.

Tana: Yeah, it's my **destiny**.

Jun: It is. And like you **mentioned**, you know, your character is to never give up (and) **no matter what happens**.

Tana: Yeah.

Jun: It seems like you are **gonna** be on a **lifelong pursuit** of **making sure** that NJPW never **goes away**. **As long as** Tana is alive, NJPW is never going to die, right?

Tana: Yes. Yes. Yeah, I believe it. Yes.

Jun: I believe it, too. After talking today, I **have no doubt** that NJPW is ever going to go away because as long as you are here on this earth, NJPW is always going to be around, ha-ha.

Tana: Thank you.

Jun: All right, Tana-san. Well, thank you very much. Um, **you know what?** I got a chance to read about you and see videos of you on YouTube, but, just talking to you **in person**, I know exactly why NJPW is where it is today. It just starts with you as a person. And this has been a very amazing conversation. Thank you very much for today.

Tana: Yeah, thank you. Yeah. I'm glad to talk with you. Yeah, it long, long time my dream *dattakara*.

Jun: Ah, no, it has been my long-time dream, Tana-san, ha-ha. You've made my dream come true. Thank you, man.

Tana: Thank you!

Key Words & Phrases

destiny 運命　mention 言及する　no matter what happens たとえ何が起ころうが
It seems like 〜 〜のようだ　gonna = going to　lifelong 一生の　pursuit 探求

っているんです。

Jun　もう一度。

棚橋　そう、それが僕の運命かと。

Jun　ですね。おっしゃる通り、あなたは何が起こっても絶対に諦めないのですから。

棚橋　そう。

Jun　あなたには、新日本プロレスの火を消さないという生涯にわたる使命があるようですね。棚橋が生きている限り、新日本プロレスは死なない。ですよね？

棚橋　はい。はい。僕もそう信じています。はい。

Jun　私も信じています。今日おしゃべりしてみて、新日本プロレスは不滅だとわかりました。あなたがこの星で生きている限り、新日本プロレスは健在ですね。ハハハ。

棚橋　ありがとう。

Jun　オーケー、タナさん。ありがとうございました。実は、棚橋さんの記事を読んだり、YouTubeで見たりする機会があったんです。でも直接会って話をしてみて、なぜ新日本プロレスが今ここまでになっているのか理解できました。あなたという人がそうさせているんですね。最高の対談になりました。今日はありがとうございます。

棚橋　うん、ありがとう。Junさんとお話しできてうれしかったです。ずっと夢だったから。

Jun　いやいや、タナさん、僕こそずっと夢だったんです。ハハハ。夢をかなえていただいてありがとうございます。

棚橋　ありがとう！

※対談の全編音声はHapa英会話のPodcastで配信中です。

make sure〜 確実に〜する　go away 姿を消す　as long as〜 〜する限り　have no doubt 確信する
you know what? あのね、実は。新しい話題を持ち出すときの表現。　in person 対面して。直接

撮影 中原義史

棚橋弘至 × セニサック JUN

「僕は初めての気がしないんですよ。毎日、Hapa英会話でJUNさんの声を聞いてるので(笑)」(棚橋)

英語インタビュー(p.140-143)の直後に実施された日本語での対談の模様をここに収録。2人のTwitter上での出会いから、棚橋選手がPodcast「Hapa英会話」を始めたきっかけ、さらには英会話上達のこつ、コミュニケーション術までたっぷり掲載!
(取材・文 鈴木佑)

海外のレスラーやファンとコミュニケーションが取れるように英語の勉強を始めた(棚橋)

──最初にお二人に英語で対談していただきましたが、棚橋選手はいかがでしたか。ヒアリングに関してはJUNさんの言葉をすべて理解されていたのでは?
棚橋　はい、JUNさんがゆっくり丁寧に話してくださったおかげで、ほぼ理解はできました。でも、英語で返すのがやっぱり難しいですね。それは英会話を本格的に学び始めて、一番感じてることで。
──JUNさんは棚橋選手との英会話を終えていかがですか?
JUN　今回は棚橋さんのプロレスへのパッションがすごく伝わってきましたね。身近なスタッフに大の棚橋ファンがい

るので、必殺技のハイフライフローやキャッチフレーズの"100年に一人の逸材"など、事前にいろいろなことを教わって来ました。

──そもそも、お二人が会話されるのは今回が初めてだとか？

棚橋　そうなんですけど、僕は初めての気がしないんですよ。毎日、Hapa英会話でJUNさんの声を聞いてるので（笑）。

JUN　棚橋選手とは2018年にTwitterのメッセージで初めてやり取りをして、それからいつかお話したいと思ってたんです。以前、棚橋さんからご自身が英語でインタビューに答えた動画を送ってくださったんですけど、だいぶ上達されたと感じました。あのときは英単語で返して、あとはニッコリされる感じだったので（笑）。

棚橋　はい、笑顔でごまかしてました（笑）。

──そもそも棚橋選手がHapa英会話を始めたきっかけは？

棚橋　2018年頃からHapa英会話のPodcastを、移動中や寝る前に聞くようになったんです。当時、新日本が海外進出を推し進める中で、現地のレスラーやファンとコミュニケーションが取れるように英語の勉強を始めたんですけど、Hapa英会話の評判を聞いて行き着いたというか。僕は新日本プロレスを広めようとブログやTwitter、インスタとかいろんな方法で発信してるんですけど、Hapa英会話も同じようにさまざまなツールで丁寧にやられているのが親切ですよね。

JUN　そう言ってもらえてうれしいです。僕もいろんな生徒さんを長年教えてきましたが、十人十色なんですよね。

音声や動画、テキストなどできるだけ多くの選択肢を用意して、最終的に自分にとってベストなものを選んでもらえればと思っています。

学んだことも使わないと知識だけで終わってしまう。実践するにはしゃべるしかない（JUN）

棚橋　今日の英語対談であらためて思ったんですけど、学んだことは自分で繰り返し口に出さないと身につかないというか。

JUN　学んだことも使わないと知識だけで終わってしまうので、どれだけリアルな場で応用できるか、それを実践するにはしゃべるしかないんですよね。スポーツもそうだと思いますが、練習と本番の試合は違いますし、緊張感に慣れるためにもたくさん試合に出ないと。

棚橋　たしかに道場でやったスパー、筋トレが本当に身になるのは試合をするときですね。

──英会話も筋トレも継続性が大切だと思います。そういう意味で、お二人はさまざまなメディアで発信し続けることがすごいというか。

棚橋　それは自分の仕事が好きで、ファンに楽しんでもらいたいからだと思います。多くのファンに応援をもらったぶん、試合で盛り上げてお返しがしたい。そういう双方向のエネルギーの交換が大きいほど、コンテンツは充実してくるというか。そもそも受け取ってくれる人がいるから発信できるわけで、その感謝の気持ちを常に持っていたいです。

JUN　僕もまったく同感ですね。

——そもそも、棚橋選手は英語が得意科目だったんでしょうか？

棚橋　はい。小学校のときに家の近所に英会話教室ができて、仲のいい友だちと通い始めて。大学受験のときも英語と国語の二教科受験で合格しましたし、英語の偏差値は一番いいときで70くらいありましたね。

—— JUN さんは幼少期から、日本語と英語の両方を学んできたそうですね。

JUN　僕の場合は父親がアメリカ人、母親が日本人のハーフで、まず幼稚園から４年生まではロサンゼルスの日本人学校に通いました。そのあとアメリカンスクールに転校して、英語を身につけるに従って今度は日本語力が落ちていって。高校では英語オンリーでしたね。その後、大学３年で留学生として日本に行き、また日本語を勉強し直して。やっぱり、言葉って使わなくなると忘れるものなんですよ。留学したときは日本語に英語を交ぜる感じで、「ランチをイートする」とか言ってましたから（苦笑）。

棚橋　ブランクがあると忘れちゃうものなんですね。英語学習ではヒアリングよりスピーキングが難しいと思いますが、JUNさんにとって日本語はどうでしたか？

JUN　スピーキングのほうが難しかったですね。そこは英語を学習する人と同じかも知れません。

棚橋　自分が思ってることを違う国の言葉で伝えるのは難しいですよね。ニュアンスが微妙に違ってきて。

JUN　そうそう。そういう悔しさが「もっと勉強をがんばろう」という気持ちにもつながるというか。

初めて会った外国人には必ず "What should I call you?" って聞くんですよ（棚橋）

——棚橋選手は外国人レスラーと積極的にコミュニケーションを取られている印象があります。

棚橋　わりと昔からそうでしたね。若手時代にアメリカの大物レスラーのスコット・ホールさんが新日本に参戦したとき、ホールさんとコミュニケーションを取るために英語を勉強して。最近は外国人レスラーに "How are you?" って挨拶されると "I have never been tired." と返して、笑ってもらってます（笑）。

——生まれてから疲れたことがないと（笑）。

棚橋　やっぱり自分の中でホールさんとの思い出が、言語が違う人と少しでもわかりあえる喜びの原体験として残ってるんですよね。さりげない日常会話でも積み重ねることで信頼関係が生まれますし。僕、初めて会った外国人には必ず "What should I call you?" って聞くんですよ。誰に話してるのか意思表示にもなるし、けっこう便利な言葉ですね。

——名前で呼べばお互い親近感も湧きますよね。JUNさんから外国人レスラーの英語を理解したいと思うプロレスファンに、何かアドバイスはありますか？

JUN　そのジャンル特有の砕けた表現というものがありますよね。そういう意味では、いまはプロレスラーが個人のYouTubeチャンネルなどでトークしてることも多いでしょうし、そういった動画を観れば観るほど理解できるようになると思います。

——日常会話に触れるのが重要だと。

JUN　僕が日本に来て何より身につけたかったのが、友だち同士の砕けた日常表現だったんです。当時は『人志松本のすべらない話』を観て、いろんな人たちの日本語のしゃべりかたを、楽しみながら勉強しましたね（笑）。

棚橋　あとはHapa英会話をチェックすれば完璧だと（笑）。

JUN　そうだ、それが重要ですね（笑）。

ますます新日本を海外に広めるためにも、英語でアピールできるようになりたい（棚橋）

——棚橋選手は英語を身につけ、今後どんなことを目標に？

棚橋　『新日本プロレスワールド』（新日本の動画配信サービス）は英語圏の会員のかたも4割いるそうなので、ますます新日本を海外に広めるためにも、英語でアピールできるようになりたいですね。流ちょうに英語でアピールできたら、メチャクチャかっこいいと思うので（笑）。

——では、最後にJUNさんから棚橋選手にエールをいただければ。

JUN　今日は棚橋選手とお話して信念の強さというものが伝わってきましたし、これからも自分の信じた道を突き進むことが一番大事なことだと思いました。"Just keep on believing in yourself. Everything is gonna be alright!"

棚橋　Thank you!

柴田勝頼

「英語は、
アレックス・コグリンと
晩飯のあと、
だいたい毎日2〜3時間
やってますね」

ヘッドコーチとしてLA道場の立ち上げから関わり、既に多くの有力選手を輩出する
など着実に成果を残している柴田勝頼選手。渡米後から現在までを振り返りながら、
LA道場での生活、英語でのコミュニケーションについてロングインタビューを実施！
（取材・文　鈴木佑）

20年越しで
海外遠征がかなった感覚

——柴田選手は長期欠場中（2017年4月
のオカダ・カズチカとのIWGPヘビー
級王座戦で負傷）の2018年3月にLA道
場のヘッドコーチに就任されましたが、
この経緯というのは？
柴田　LAに道場を作るという話を聞い
て、自分にやらせてほしいと手を挙げま
した。新日本の根っこの魂というもの
を国籍や人種関係なく伝えたいという
強い思いがあったのと、自分の怪我に関

しても時間がかかるのがわかっていた
ので。とにかく環境を変えたくて。
——そもそも柴田選手は若手時代、長期
の海外修行を経験されてないんですよね。
柴田　はい、メキシコに10日間行った
だけです。10日間で7試合（笑）。昔、
新日本の入門テストに合格した直後、
『東京スポーツ』のインタビューで「目
標は？」と聞かれて「海外遠征！」って
答えてるんですよね。いまはそれが20
年越しでかなった感じかも（笑）。
——率直に海外での生活はいかがです
か？

柴田　合ってますね。LAは気候も食事も自分に合っていて、日本ほど雑音が入ってこないのでストレスが少ないです。道場ハウスから少し行ったところにお気に入りのビーチがあって、たまに一人で行ったりもします。最初に渡米した頃はまったく出歩かなかったんですけど、だんだん自分の頭の中でカリフォルニアの地図が出来上がってきて。1週間のサイクルでいうと皆が練習をやってますが、日曜日も結局道場に行っちゃいますね。自分のためのトレーニングをしに。結局、1週間通してあまり休んでなかったりするのですが、いい生活のリズムができていると思います。

学生時代の英語の時間は
弁当食ってました

──言葉や文化が違う選手たちを指導するという面で、最初は不安もあったのでは？
柴田　そうですね、英語は全くできなかったので新しく挑戦する気持ちでした。学生時代を振り返っても、英語の授業のときは教科書立てて弁当食ってましたから。
──では、海外に行くことが決まってから渡米前に英語の勉強を？
柴田　それが、参考書を3冊買ったんですけど、いまだに新品のまま保存してあります。勉強するようになったのは現地入りしてからですかね。教えるのに必要な英文だったり単語から。ノートに使いたいワードをバーっと書き出して。そんな感じで10冊以上は使ってます。でも、全部が身についてるわけじゃなくて。今となっては「弁当食ってる場

合じゃなかったな」と少し反省しております（笑）。
──英会話のほうはいかがですか？
柴田　LA道場の一期生になるアレックス・コグリンと晩飯のあと、だいたい毎日2〜3時間やってます。練習や日常生活の中で「どういう意味だろう？」と思う言葉があったら、アレックスにわかりやすく英語で説明してもらって。逆に自分は彼に日本語を教えてます。道場生たちはいずれ日本で活躍できるように、各自準備していますね。
──渡米後にコーチとして特に苦労されたことは？
柴田　新日本の道場のルールというかシステムを道場生に理解させることです。座礼にしろ、敬語にしろ、自分一人で日本のしきたりを教えるのは難しかったですね。アメリカは日本と比べて上下関係の概念があまり無いですし。年上でも気軽に「ハーイ！」とか、名前も呼び捨てなので。
──接しかたがフランクなわけですね。
柴田　でも、道場生と同じ屋根の下で生活を共にすることで、言葉は通じてなくても、心で会話ができるようになったというか。自分も怒るときは本当に怒るし、「アメリカではあたりまえでも、日本に

行ったら通用しないぞ！」と教えました。挨拶も「オツカレサマデス！」や「オサキニシツレイシマス！」とか、きっちり日本語を使うようにして。彼らには「日本に行ったら必ずデカい声で挨拶！日本人選手みんなが君たちのことを見てるからな！」と言い聞かせました。

——日本流を厳しく指導しているわけですね。

柴田　練習中にホイッスルを使ってるんですけど、よく壊れて3個目ですから（笑）。指導を始めた当初、練習に気合いが入ってなくて、ハウスでの生活態度もだらけていたので「もうオマエらとは一緒にやらねえぞ！」って怒鳴りつけたこともありました。こちらの覚悟が伝わったのか、彼らも改めるようになって。言葉どうこうよりも心の部分の方が確実に大きいと思います。教えつつ、一緒に汗を流すからこそ、信頼関係が築けてるのかなと。決して"仕事だから"と割り切ってやってませんからね。真正面から心と心でぶつかり合っているからこそだと思うので。結局、信頼関係ってそこで。それが無いとついてこないでしょう。教える側と教えられる側の心の距離って一番大事だと思ってます。

練習中に一番よく使うのは "If it were me, I'd do it like this"（俺だったらこうする）という言葉

——道場生にアドバイスをされることはありますか？

柴田　彼らが「どうしたらいいですか？」とか「このアイデアはどうですか？」と質問をしてきて、自分は「こうしろ、あ

しろ」とは言わないんですよ。一番よく使ってるのは "If it were me, I'd do it like this."（俺だったらこうする）という言葉。このフレーズは技や動きの見本を見せるときに使いますね。一番使ってるフレーズだと思います。発音は悪いと思いますが彼らには伝わってるので。

——ほかに英語でどのようなことを伝えていますか？

柴田　基本的にみんな前向きで、試合でミスをしてもあんまり落ち込まないんですよ（笑）。でも、"Learn from your mistakes."（失敗から学べ）とか、"Don't do it again."（二度と繰り返すな）というのは使います。あと、"Grow by making mistakes."（失敗は成功の元）だとも。

——そういった言葉は事前に調べるわけですか？

柴田　仕事で通訳やってるジェンゴ君に教えてもらったりして。毎回会うたびに「使えそうなフレーズ教えてよ！」って。で、とりあえずそれを丸暗記してなるべく使うようにしてます。"If it were me, I'd do it like this." にしろ、単純にどうして「were」になるのかとかは、よくわからないんですけど（苦笑）。逆にあまり考えないようにしてます。

——いわゆる仮定法ですね（笑）。

柴田　正直、まだ文法的なことはあまり理解できてないですね。生活していく上で最低限必要な言葉、コーチとして使いたい表現をまず記憶しているというか。最近だと使いたい文がパッと見つからない時は、アレックスに「勉強の仕方をちょっと変えてみようぜ」と言って、洋楽の歌詞からフレーズを拾って勉強してます。カリフォルニアということで、まずビーチボーイズの曲を聴きながら

（笑）。ほかにもシンディ・ローパーの『Time After Time』を日本語で訳してみたり。ただ歌詞から拾うとだいぶロマンチックなので気をつけないと。あと、一つ実感したのは、いわゆるスラングは早く覚えられるんですよ。逆もしかりで、アレックスも汚い日本語はすぐに覚えますね（笑）。

——そこは日米共通していると（笑）。柴田選手は2019年1月の新日本のアメリカ大会で、リング上から英語で挨拶されたことがありましたよね。あのときは日本人選手がビザの関係で不出場となり、その謝罪も含めマイクを握られて。

柴田　あの台詞は自分で考えて、丸暗記しました。（※p.113に全文掲載）

——最後に柴田選手が日本語であらためて「以上！」と叫ぶと、現地のファンからは大歓声と「シバタ！」コールが起こりました。

柴田　たとえ英語が達者にしゃべれたとしても、リングの上からスピーチす

るのは緊張すると思うんですよ。でも、ここは自分が収めるしかない状況だったので。それに自分の中でも良い経験になりました。あと、『LA DOJO SHOW CASE』というLA道場が主役の大会でも英語のプロモをやったんですけど、あのときは"Pain is temporary, pride is forever!"（痛みは一瞬、誇りは永遠）というフレーズを考えて。あれもアレックスに「こういうのはどう？」と相談したら、「柴田サンらしい！」って。とはいえ、ろくに話せないままLAまで来て教える立場になっちゃってるわけですが……でも見つけました。自分の手本になる人物を。

——それはどなたですか？

柴田　映画『ベストキッド』のミヤギさんです。

——ほう。それはどういったところを？

柴田　単純にシンプルでわかりやすいところ（笑）。おそらく日本人の少しカタコトな役でやってたと思うんですよ。

それでも重要な部分はきちんと伝えている。"My English was affected by Miyagi san."（自分の英会話の目標はミヤギさんです）。

べつに間違えてもいいし、単語でもいいから、伝えたいことを大きな声でいうのが英会話は大事なんじゃないかなと

——やはりご自分の英語が上達しているのを実感するのは楽しいですか？

柴田　ハッキリ言って英語が話せるとかのレベルではないんですよ。ただ会話の中で自分がスッと言ったことが、ちゃんと通じると嬉しいですね。それはさっき言った"Grow by making mistakes."と同じで、いろいろトライしてきたから少しずつ自分のものになってきて。そこは道場の練習も、英語の学習も一緒というか。大卒とかで英語めちゃくちゃ勉強してきた人でもいざとなったらとっさに出てこなくて会話できない人とかっているじゃないですか？

——英語学習を「心」・「技」・「体」で表したときに、「技」に相当するのが文法で、一般的には文法から学習を始める人が多いようです。一方、柴田選手の場合は、プロレスや練習へのスタンスと同じで、伝えたいという「心」や伝える中身である「体」を大事にされている気がします。

柴田　そう言ってもらえるとうれしいですね！生きた英語ってことですよね。それこそ発音でいえば、自分は「R」と「L」の違いとかできてないと思いますけど、とにかく英語は大きな声で言うのを心がけていて。例えば学校で英語の勉強をきちんとしてきた人が海外のファストフード店でオーダーするとき、声が小さくて店員に聞き返されて、余計にしゃべれなくなることとかあると思うんで

すけど、意外と相手は正しい英語かどうかは気にしてないものなんですよ。自分も最初の頃、過去形とか気にしてなかったですけど、相手には伝わっていましたし。

──そういう実体験があるわけですね。

柴田　自信がないから声が小さくなるんでしょうけど、それだと余計に何も通じない。自分はべつに間違えてもいいし、単語でもいいから、伝えたいことを大きな声でいうのが英会話は大事なんじゃないかなと。自分の意志を伝える、まずはそこからだと思います。

──これから英語を学ぶ人の参考になるアドバイスだと思います。本書には英語を熱心に学習されている棚橋弘至選手も登場します。かつて柴田選手や棚橋選手と共に"新闘魂三銃士"と称された中邑真輔選手は現在海外で活躍されていますが、その3人で誰が一番、英語がうまいのか気になるところです（笑）。

柴田　それは中邑でしょう（笑）。棚橋君も大卒なので英語は自分なんかより勉強してきているとは思いますけど。あ、でも一つおもしろい場面を目撃しました。ある外国人選手とサプリメントの話をしていて、聞き間違えていると思ったことがありましたね。外国人選手が"iHerb"（サプリメントショップの店名）って言ったら、棚橋君が"You have?"って聞き返してて、「"I have"と勘違いしてる！」って。横で聞いててニヤニヤしてました（笑）。でも、文法とかは自分よりはるかに棚橋君のほうが勉強してきていると思うので、コミュニケーションでは負けないように頑張りたいです。

──それでは最後に今後のLA道場の展望を伺えれば。

柴田　世界のプロレスがどんどん進化していく中、プロレスラーであるために一番重要な闘う魂を絶やすことなく、新日本プロレスの伝統を受け継いでいってもらえる道場にしたい。というかします。コーチに就いてからの約4年で、いろんなものを生み出して形にできているので。

──それだけ手応えを感じられているわけですね。

柴田　現地のレスラーだけじゃなく、日本から成田が来たのはおもしろかったですね。上村まで直訴してきて。こっちに来たからには、彼らに100％で応えますから！毎日練習して、共に汗を流し、痛みを教える。それが道場だと思うので。みるみる成長を感じますよ。もちろん日本人だけじゃなくLA道場全員から。とにかく一つ言えるのは、"Come with me!"（俺について来い！）ですよ。

──LA道場勢は現在、『NJPW STRONG』（『新日本プロレスワールド』で配信中のアメリカ発の番組）を中心に活躍していますが、"柴田チルドレン"が活躍しているのを観るのは感慨深いのでは？

柴田　そうですね、一番の楽しみです。もちろん、うまくいくことばかりじゃないですし、『NJPW STRONG』の中心がLA道場勢かと言われれば、現状そうではないので。もっともっと頑張って評価されるように、切磋琢磨していきたいと思います。『NJPW STRONG』のみならず、コロナが落ち着いたら日本のリングに連れていきたいですね。その時は、LA道場の選手でリングのど真ん中を陣取れるように頑張ります！"That's it!"（以上！）。

KENTA

「海外のプロレスファンに向けても
自分なりに発信していければ。
日米の"クソリプ"の相手は
大変ですけど(笑)」

日米二刀流の情報発信で、国内のみならず海外でも注目を集め続けるKENTA選手。
海外での記者会見では、流ちょうな英語を披露し会場の空気を支配していたことも。
今回は英語をテーマにWWE時代から現在までを振り返った貴重なインタビューを実施!
(取材・文　鈴木佑)

「アメリカに行ったらすぐに
ペラペラしゃべれるんじゃ
ないか」って思ったけど、
そううまくはいかなかった

── KENTA選手は英語での発信も多く、英語が堪能なことが伺い知れるというか。

KENTA　いや、そうでもないんじゃないですかね。日常会話程度なら、なんとなくはわかるけど。

──とはいえ、ファンからすると「KENTA選手が使う英語はカッコいい」という声もあるようです。

KENTA　ホントですか?　まあ、海外のスポーツ選手のインタビュー動画を観たりはするんで、そういう人たちの言い回しが自然と身になってるのかもしれないですね。

──そもそも学生時代に英語は得意だったんでしょうか?

KENTA　ほかの教科より成績はよかったです、なんで英語に興味がわいたかは覚えてないけど。担任には「英語だけだったらどこの大学でも行ける」とか大げさなことは言われてましたね。

——もともと、語学のセンスをお持ちだったんですね。

KENTA だから、「アメリカに行ったらすぐにペラペラしゃべれるんじゃないか」って思ったんですけど、そううまくはいかなかったです（笑）。

——甘いものではなかったと（笑）。プロレスの世界に入ってから外国人選手と関わる機会が増えたと思いますが、英語でコミュニケーションを図ることも？

KENTA いや、基本的に人見知りだし、自分から話しかけるってことはなかったかな。「英語で話せたら楽しいだろうな」とは思ってましたけど。

「困ったことがあったらヘルプするから」って言われても、英語で説明できるくらいなら、自分で乗り切ってるっていう（笑）

——では、英語に本格的に取り組むようになったのは、のちに入団することになるWWE（アメリカのメジャー団体）を意識したあたりからでしょうか？

KENTA そうですね、少しずつマンツーマンで英会話を習う機会を作って。でも、当時の授業を録音したものを聞き直すとひどいですけど。

—— WWEは試合以外に言葉で自身をアピールする比重が、日本のプロレス界よりも大きいというか。

KENTA そのあたりは俺も「正確な英語を話さないと」ってヘンに構えすぎて、躊躇した部分はありました。いまのほうが楽に英語を話せてると思います。

——そのほか、アメリカで苦労した点は？

KENTA 契約ごととか、日常生活であまり出てこない用語が必要な場面は大変でした。あとは電話だと身ぶり手ぶりができないぶん、話が伝わりにくかったり。そもそも、向こうは会話のスピードが容赦ないんで（笑）。日本人だと海外の人には日本語をゆっくり話すと思うんですけど、アメリカは関係ない人が多くて慣れるまで大変でしたね。

——現地のレスラー仲間のサポートは大きかったですか？

KENTA そうですね、俺が入団した頃はほかに日本人レスラーもいなかったんで。でも、周りの外国人レスラーたちに「困ったことがあったらヘルプするから」って言われても、その困ってることを英語で説明できるくらいなら、自分で乗り切ってるっていう（笑）。助け船を出してくれるのはありがたかったですけどね。

—— WWEで仲のよかったレスラーは？

KENTA フィン・ベイラー、新日本にもいたプリンス・デヴィットですかね。俺が日本人ってこともあってか、すごく親切にしてくれて。

——現在、KENTA選手が所属するBULLET CLUBの創始者ですね。もともとデヴィット選手は新日本の留学生でしたし、会話は英語と日本語のミックスという感じですか？

KENTA いや、デヴィットはそんなに日本語がしゃべれなくて、「エッ、あんなに日本にいたのに？」とは思いました（笑）。でも、何かと世話になったので感謝してます。

——ちなみに現地ではどのように英語を学びましたか？

KENTA WWEはアメリカ人以外の選

手用に英会話の授業を設けていて。あとは実践で慣れるしかないという感じでした。でも、アメリカに行った当初は、自宅に帰ったら日本語の映像ばかり観てましたね。「もう、英語はイヤだ！」っていう反動で（笑）。

──最初はそういう感じだったんですね。

KENTA　日本にいた頃はカニエ・ウエストとかHIP HOPを聴いて、歌詞の意味を調べてたりしてたのに、向こう行ってからは逆に吉田拓郎とか浜田省吾とか（笑）。あと、外国人は笑うツボが違うから「コレ、何がおもしれえんだ？でも、とりあえず笑っとくか」みたいなシチュエーションがあって、それもストレスでしたね（笑）。

いまはきちんとした英語より伝わればいいやっていう意識

──BULLET CLUBには外国人選手も多く所属していますが、KENTA選手は英語でコミュニケーションを？

KENTA　一応は。彼らがどう思ってるかはわからないですけど、ほかの日本人よりかは多少しゃべれてるのかなと。

──アメリカ帰りという部分で、BULLET CLUBはなじみやすいユニットだったのでは？

KENTA　そうですね。それに俺もいまはべつにきちんとした英語よりも、伝わればいいやっていう意識なんで。もしかしたらそのくらいのほうが、英会話の能力も伸びるのかもしれないですね。

──プロレスファンの中には英語を身につけたい人も少なくないと思いますが、何か秘訣は？

KENTA　チャンスがあれば机の上の勉強だけじゃなく、実際に外国人と接して話すのが大事だと思います。よく「英語を上達させるには外国人の彼氏や彼女を作るのがいい」って聞きますけど、それもわかる気がするし。習ってきた文法とか固定概念にとらわれる必要はないと思います。

──ブロークンな英語で問題ないというのは、そこにたどりついたという感じでしょうか？

KENTA　そうですね。アメリカっていろんな人種がいるんで、いろんな形の英語があると思うんですよ。発音やイントネーションがそれぞれ違って。日本は島国で基本的に日本人ばかりの環境で育ってるんで、少し日本語がおかしい人がいると「ウン？」ってなると思うんですけど、たぶんアメリカはそんなに気にしてないです。

自分をさらけ出してるほうが楽だし、楽しい

──KENTA選手は試合後のコメントやSNSでも英語を発信する機会が多いですが、そこにはどのような思いが？

KENTA　やっぱり、英語をある程度使えるってことを、新日本もKENTAというプロレスラーには期待してると思うし、日本だけじゃなく海外のプロレスファンに向けても自分なりに発信していければって感じですかね。まあ、日米の"クソリプ"の相手をしないといけないから大変ですけど（笑）。

──でも、KENTA選手はいわゆる"アンチ"への対応も、機転が利いていて見事というか（笑）。

KENTA　たまにムカつくときもあり

ますけど、基本的にはイジる感じで楽しんでるんで。ああいうのもBULLET CLUBに入る前はやってなかったんですよ。ただ、ケビン・オーエンズ（WWE所属）があんな感じでファンとやり合ってて、「コレ、おもしれえな。いつかやりたいな」とは思っていて。特にターニングポイントになったのが東京ドームですね。

——2020年の1.5東京ドームで、KENTA選手が大会を締めくくろうとした内藤哲也選手を襲撃し、大ブーイングに包まれたときですね。

KENTA SNSでファンとやり合ってると、たまにBULLETの外国人からも「アレ、おもしろかったな」って言われます（笑）。いまが素の自分に近い感じはしますね。一昔前は"真剣な自分"っていうものをまとってた部分があるんです

けど、海外で思うように活躍できなくて、べつにその必要性もなくなったというか。いまみたいに自分をさらけ出してるほうが楽だし、楽しいですよ。「あのKENTAがこんなになっちゃった」って思う人はいるでしょうけど、それは見る側の捉えかたであり、俺はいまのほうが自然でやりやすいんで。

——海外を経験したからこそ、いまのKENTA選手の活躍もあると。最後にプロレスラー、KENTAにとって英語とはどのようなものでしょうか？

KENTA 『プロフェッショナル 仕事の流儀』みたいな締めじゃないですか（笑）。まあ、レスラーに限ったことじゃなく、一人の人間としても英語を話せることで世界は確実に広がるし、身につけたいのであれば勉強する価値はあると思いますね。

英語学習に役立つ！
新日本プロレスコンテンツ

海外での人気が上がってきていることに比例して、
英語コンテンツを非常に充実させているのが現在の新日本プロレス。
ここでは英語学習者におすすめのものを4つご紹介します！

新日本プロレスワールド（動画配信サービス）

スマホやPCがあれば、いつでも、どこでも視聴可能なインターネット動画配信サービス。大会のLIVE配信だけでなく、過去の名勝負やオリジナルコンテンツも充実！　大会翌日にはバックステージコメントが字幕付きでアップ。主要ビッグマッチには英語実況も付けられているので、リスニング力強化にも最適です。

新日本プロレスワールド（月額999円）▶https://njpwworld.com/

英語版オフィシャルホームページ

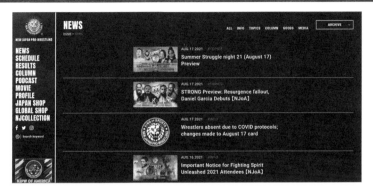

日本語版サイト左上の「English」タブを押せばすぐに閲覧できるのが英語版のホームページ。ニュース、大会日程、試合結果などの最新情報をほぼ毎日更新。特におすすめなのはニュース記事です。英語版・日本語版の切り替えを活用しながら記事を読むことで、ご自身の英語力のレベルを問わず楽しく英語学習に取り組むことができます。特にリーディング力UPに繋がりますよ。

新日本プロレスオフィシャルホームページ▶**https://www.njpw1972.com/**

NEW JAPAN PRO-WRESTLING（英語版公式YouTubeチャンネル）

日本語版（新日本プロレスリング株式会社）、英語版（NEW JAPAN PRO-WRESTLING）、新日本プロレスワールド版（NJPW World Official）の3つの公式YouTubeチャンネルが存在。英語版チャンネルは、YouTubeの字幕機能を使うことで、音声に英語字幕を付けることもできます。

NEW JAPAN PRO-WRESTLING（英語版公式YouTubeチャンネル）
▶**https://www.youtube.com/c/
NEWJAPANPROWRESTLINGGLOBAL/**

NJPW Global（英語版Twitterアカウント）

日本語版（新日本プロレスリング株式会社、njpwworld）、英語版（NJPW Global、NJPW of America）の4つの公式アカウントが存在。英語版は、大会告知、試合速報、グッズ紹介などを頻繁に英語で発信。分からない単語を調べるだけでも語彙力UPに繋がります。毎日英語に触れる習慣を作りやすいので、まずはフォローから！

NJPW Global（Twitterアカウント）
▶**https://twitter.com/njpwglobal**

新日本プロレス
英語入門
（新日本プロレス公式ブック）

発行　2021年11月15日（初版）

監修・制作協力　新日本プロレスリング株式会社

デザイン	金井久幸／松坂健（TwoThree）
DTP	TwoThree
翻訳	小池水須香／Chris Charlton（新日本プロレスリング株式会社）
イラスト	筋肉イラスト製作所／広く。
選手取材	鈴木 佑／Chris Charlton（新日本プロレスリング株式会社）
制作協力	濵﨑潤之輔

企画・編集	信田康平（株式会社アルク 出版編集部）
統括	白川雅敏（株式会社アルク 出版編集部）
販売	秋山克美／柏倉 仁／六波羅俊宏（株式会社アルク 出版営業部）
校正	Peter Branscombe／Margaret Stalker
	挙市玲子／鈴木 佑
タイトルコール	Josh Keller

写真協力	新日本プロレスリング株式会社／大槻 淳
	タイコウクニヨシ／中原義史
印刷・製本	シナノ印刷株式会社

発行者	天野智之
発行所	株式会社アルク
	〒102-0073
	東京都千代田区九段北4-2-6　市ヶ谷ビル
	Website：https://www.alc.co.jp/

地球人ネットワークを創る

アルクのシンボル
「地球人マーク」です。